Die besten Rezepte mit ungewöhnlichen Namen

Die besten Rezepte mit *ungewöhnlichen* Namen

von

Herbert Frauenberger

BuchVerlag für die Frau

Trotz gewissenhafter Bearbeitung kann eine Haftung für den Inhalt nicht übernommen werden. Für aktuelle Ergänzungen und Anregungen ist der Verlag jederzeit dankbar. Wir bedanken uns bei allen, die uns unterstützt haben.

Impressum

© 2020 BuchVerlag für die Frau GmbH
Gerichtsweg 28, 04103 Leipzig
Tel.: 0341 / 493574-0, Fax: 0341 / 493574-40
www.buchverlag-fuer-die-frau.de

Fotos: siehe Seite 96
Layout, Satz: Uta Wolf, Quedlinburg
Covergestaltung: Uta Wolf, Quedlinburg
Druck: Livonia Print SIA, Rīga

1. Auflage 2020

ISBN: 978-3-89798-588-9

Inhalt

Lustige Namen – leckere Spezialitäten

»Die Königin der Kochrezepte ist die Phantasie!«
Deutsches Sprichwort

Wie wahr dieses alte Sprichwort ist, zeigt sich an der Mehrzahl der Gerichte und Getränke in diesem Buch. Sie haben tatsächlich sehr phantasievolle Bezeichnungen erhalten. Manchmal soll der Name an eine historische Begebenheit erinnern wie die *Napoleon-Torte* oder die *Kappeler Milchsuppe*, einige sind einfach landschaftliche Bezeichnungen oder aufgrund des Aussehens der kulinarischen Spezialität entstanden – man denke nur an *Tote Oma* oder *Schneewittchenkuchen*. Und andere sind mit einer Legende verbunden oder erinnern gar an einen bestimmten Beruf wie *Beamtenstippe* oder *Bullauge*.

Ob nun Beamte ihren Beruf mit großer Freude und Engagement ausüben? Ganz sicher trifft auch für sie, insbesondere jedoch für Dienstleister zu: Nur wer seine Arbeit mit Freude, Engagement und mit der nötigen Portion Humor erbringt, wird zu Höchstleistungen auflaufen können. Viele Menschen wünschen sich mehr Spaß im Alltag, tragen allerdings selbst zu wenig bei, um dieses Ziel zu erreichen. Dabei ist Frohsinn für den Einzelnen und fürs Zusammenleben so extrem wichtig. Er ist ein allzu oft unterschätzter Erfolgsfaktor bei der Arbeit und im privaten Bereich. Heiterkeit verbessert das „Klima", reduziert den Stress und wirkt sich somit positiv auf die Gesundheit aus. Die gut dosierte Portion Humor fördert in jedem Fall auch die Kreativität. Und ist mal etwas nicht so gelaufen, wie man es sich wünschte, dann hilft Humor beim „Aufstehen".

Aus eigener Erfahrung kann ich das nur bestätigen. Wer mit guter Laune und Freude in der Küche arbeitet, von dem darf man im wahrsten Sinne des Wortes einen „Gaumenkitzel" erwarten. Der Spaßfaktor ist bei der Küchenarbeit das entscheidende Erfolgskriterium.

Das begann bei mir schon im Kindesalter. Auf die Frage: „Was gibt es denn heute zu essen?", hörte man recht oft ganz lustige Antworten wie: „Neugierde, in Butter gebraten", „Mäuseschwänzchen in Gelee", „Nichts, mit etwas drauf" oder „Eingelegte Kellerstufe", wie mein Vater zu sagen pflegte. So wurde wahrscheinlich bei mir schon in dieser Zeit der Grundstein für die Sammlerleidenschaft zu Lustigem und zum Witz gelegt. Gut so, denn das Leben ist kantig genug. Insbesondere nach dem Erlernen des gar nicht leichten Kochberufes vor rund einem halben Jahrhundert dehnte sich die Sammelleidenschaft auch auf Küchenrezepte mit ungewöhnlichen Namen aus. Und sie haben nicht nur originelle Namen, sondern sind zugleich auch noch sehr lecker. Gewürzt mit lustigen Anekdoten, mitunter doppeldeutigen Sprüchen und alten sowie neu entstandenen Weisheiten und etwas Witz können sie ein wahrer Jungbrunnen für unseren manchmal nicht so freundlichen Alltag sein.

Nach meiner Überzeugung wird so Mancher nach dem Verzehr in einen kreativen Arbeitsmodus versetzt werden. Bei mir funktioniert es jedenfalls.

Die Mehrzahl der nachfolgenden Rezepte gilt für 4 Mitessende. Die Gerichte sind einfach nachvollziehbar und kommen mit wenigen, leicht erhältlichen Zutaten aus, lassen sich schnell zubereiten und sind schon deswegen absolut alltagstauglich.

Viel Freude beim Lesen und Kochen wünscht
Herbert Frauenberger

Vorspeisen

und allerlei Snacks für den kleinen Hunger

Bei meinen Reisen als Chef-Garde-manger auf dem MS Arkona lernte ich auf der dänischen Ostseeinsel Bornholm diese Spezialität kennen. Nicht nur in der kleinen Inselstadt Gudhjem gehört dieses delikate Brot zu den Aushängeschildern, sondern überall auf der zauberhaften Insel. Natürlich sollten die Eier frisch von glücklichen Hühnern stammen.

Auf Bornholm scheint diesbezüglich die Welt noch in Ordnung zu sein. So kann man die Sonne mal ganz ohne Sonnenschutz genießen ... Und dazu einen eisgekühlten Aquavit.

„Sonne über Gudhjem" – Smørrebrød mit Bücklingsfilet

4 frisch geräucherte Bornholmer

4 Scheiben frisches Roggenbrot

80 g gesalzene Butter

80 g rote Zwiebeln

1 kleines Bund Schnittlauch

1 Bund Radieschen

4 Eigelbe von ganz frischen Bio-Eiern

Pfeffer aus der Mühle

Die Bornholmer oder eben Bücklinge vorsichtig vom Kopf, den Innereien, Gräten und der Haut befreien, sodass saubere Filets entstehen. Sind die geräucherten Fische nicht mehr rauchwarm, kann man die Filets im Backofen behelfsweise bei etwa **50 °C** auf etwas Backfolie ganz kurz für **1 bis 2 Minuten** leicht erwärmen. Sie schmecken dann wieder frischer und besser.

Die Roggenbrot-Scheiben mit der gesalzenen Butter gleichmäßig bestreichen und mit den vorbereiteten Filets belegen. Die gepellten, roten Zwiebeln in hauchdünne Ringe schneiden und über die Fischfilets streuen. Darüber den in feine Röllchen geschnittenen Schnittlauch verteilen. Nach Geschmack mit Pfeffer würzen.

Einen etwas dicker geschnittenen Zwiebelring jeweils in die Mitte der belegten Brotscheiben platzieren. Er soll jeweils das sauber getrennte Eigelb als „Sonne" aufnehmen und stabilisieren. Zuletzt die Brote noch mit reichlich Radieschenscheiben nach eigener Phantasie garnieren. Erst der Gast zerdrückt das Eigelb und lässt es über die Räucherfischschnitte laufen.

Wer das Original mit rohem Eigelb nicht mag, kann das Smør-rebrød auch mit einem Setzei als Symbol der Sonne von Bornholm bekommen.

9

Der Ausdruck „Strammer Max" stammt aus dem Sächsischen und bedeutete so viel wie „erigierter Penis". Dieser Ausdruck wurde dann vermutlich auf dieses einfache, aber sättigende Gericht übertragen, weil die belegte Brotschnitte besonders kräftigend und die Manneskraft stärkend sein soll.

Strammer Max

Für den „Strammen Max" benötigt man gar kein Rezept bzw. keine genauen Zutatenmengen.

Je nach Personenzahl Bauernbrotscheiben mit Butter bestreichen, wahlweise in Butter anrösten. Danach mit einer Schinkenscheibe oder Schinkenspeck belegen oder mit Schinkenwürfeln bestreuen. Obenauf kommt ein mit Salz und Pfeffer gewürztes Setzei. Das Ei mit feinen Schnittlauchröllchen bestreuen und alles mit geschnittener Gewürzgurke garnieren.

Was ist der Unterschied zwischen einem Setzei und einem Spiegelei? Ganz einfach: das Setzei ist einseitig gegart, das Spiegelei ist durch Aufsetzen des Deckels auf die Pfanne allseitig gegart und hat einen weißlichen Schleier auf dem Eidotter.

Übrigens: Echte Männer essen kein Obst! Echte Männer essen Fruchtfleisch!

Ein römisches Sprichwort: Man sucht, von Weibern und von Fischen, das Mittelstück gern zu erwischen!

Auch der Kölner Halve Hahn braucht kein Rezept. Dieser Hahn hat mit einem halben Hähnchen so viel zu tun, wie ein echter Gockel z. B. mit einem Schwein. Der Legende nach wurde der Halve Hahn am 18. April 1877 erfunden. Von Wilhelm Vierkötter, der im Gasthaus Wilhelm Lölgen in Köln eine Geburtstagsfeier veranstaltete. Er hatte vorher mit dem Kellner verabredet, dass er 14 halbe Hähne bestellen würde, der Kellner solle jedoch nach einer halben Stunde Wartezeit der Gesellschaft 14 „Röggelche met Kies" servieren. Der Spaß kam gut an und wurde viel belacht und seitdem hieß das halbe Brötchen mit Käse Halver Hahn.

Nach einer anderen Behauptung soll der Halve Hahn ein Arme Leute-Essen gewesen sein. In der Kriegszeit war der Käse billig, Brot aber teuer. Dementsprechend war mit: „Kann ich och ne halve han?" eine Hälfte vom rheinischen Doppelbrötchen gemeint.

Eine weitere Theorie beruft sich auf folgende Begebenheit: Ein Kölner Gastwirt servierte einem Gast ein ganzes, also doppeltes Roggenbrötchen mit Käse. Daraufhin sprach der Gast zum Wirt: „Ääver isch will doch bloß ne halve han." („Aber ich möchte doch bloß ein Halbes haben"). Und so wurde das Roggenbrötchen geteilt und ging als neues Gericht in die kölsche Küche ein – eben als Halver Hahn.

Halver Hahn

1 Roggenbrötchen

etwas Butter

etwas scharfer Senf

mittelalter Gouda

1 saure Gurke

1/2 Zwiebel

Ein halbes Röggelchen zerschneiden und beide Hälften mit Butter bestreichen, darauf scharfen Senf streichen. Nun mit Scheiben von mittelaltem Gouda, dann mit sauren Gurkenscheibchen und Zwiebelringen belegen. Oft gibt's als Garnitur noch Salzstangen.

Variante: Den scharfen Senf auf die Käsescheiben streichen.

Es soll schon passiert sein, dass man in der Weihnachtszeit der Süßigkeiten durch Überangebot überdrüssig wird. Dann sind vielleicht herzhafte Pizza-Weihnachtsplätzchen genau das Richtige. Sie schmecken aber auch als Fingerfood bei jeder Party im Jahreslauf. Für alle, die etwas mehr Zeit und Muse zum Backen haben, gibt's auch ein Rezept für selbst hergestellten Pizzateig.

Herzhafte (Weihnachts-)Plätzchen

Für 1 Backblech

100 g Kochschinken

100 g Salami

2–3 Champignons

1 Paprikaschote

3 EL Tomatensauce

3 TL Pesto

1 kleines Bund Basilikum

1 TL Pizzagewürz

1 Rolle fertiger Pizzateig (Kühlregal) oder 300 g selbst hergestellter Pizzateig (siehe Rezept)

150 g geriebener Emmentaler

2 EL Olivenöl

Schinken, Salami, Pilze und die Paprika in sehr feine Würfel schneiden und mit der Tomatensauce, dem Pesto und mit etwas fein geschnittenem Basilikum zu einer Masse verarbeiten. Mit Pizzagewürz abschmecken.

Mit (weihnachtlichen) Plätzchenausstechern aus dem ausgerollten Pizzateig Teigmotive ausstechen, die fertig abgeschmeckte Masse darauf verteilen und mit dem Reibekäse bestreuen. Die herzhaften Plätzchen auf ein mit Backpapier belegtes Backblech setzen. Bei **200 °C** Umluft die Plätzchen etwa **25 Minuten** goldbraun backen.

In der Zwischenzeit das restliche Basilikum mit dem Olivenöl pürieren. Mit diesem Basilikum-Öl die herzhaften Plätzchen vor dem Verzehr beträufeln.

Feststellung:
Mache bitte nicht Weihnachten dafür verantwortlich. Du hattest auch schon im August das Übergewicht!

Komisch, aber es stimmt: Die besten Partys finden immer in der Küche statt!

Pizzateig – einfach und schnell selbstgemacht

500 g Weizenmehl Type 405

1 TL Salz

1 Prise Zucker

1 Würfel (42 g) Hefe

2 EL Olivenöl

Das Mehl in eine nicht zu kleine Schüssel sieben und mit dem Salz und dem Zucker mischen. In die Mitte eine kleine Vertiefung eindrücken und die zerbröckelte Hefe sowie das Olivenöl hineingeben. Nun 1/4 l lauwarmes Wasser zugeben und zu einem festen Teig kneten. Sollte dieser zu sehr an den Händen kleben, einfach noch etwas mehr Mehl unterkneten. Den Teigansatz mit einem sauberen Küchentuch abdecken und an einem warmen Ort reichlich **30 Minuten** gehen lassen, bis der Teig sein Volumen etwa verdoppelt hat. Dann den Teig auf einer bemehlten Platte nochmals kneten und zur gewünschten Form mit dem Rollholz ausrollen und belegen.

Ursprünglich eine hessische Spezialität kennt man die Käsezubereitung inzwischen auch in anderen Regionen. Der charakteristische Sauermilchkäse wurde vor über 200 Jahren noch von Hand geformt, woher auch der heutige Name stammt. Aus der sogenannten Matte (Quark) wurden runde Laibchen geformt, die je nach Handgröße unterschiedliches Gewicht hatten. Erst die Erfindung der Käsmaschine im Jahr 1883 brachte gleich große Käselaibe. Handkäs wird traditionell nur mit einem Messer aufgetragen, was zeigt, dass es ein „Arme Leute-Essen" war. Die Gabel gehörte zum Luxus.

Traditionell wird der Handkäse mit oder ohne Musik serviert. „Mit Musik" bedeutet, dass der Käse mit einer Marinade aus Zwiebeln, Essig, Öl, Pfeffer und Salz (manchmal auch mit Kümmel und Wein) mariniert wird. Die Zwiebeln verursachen dann die gelegentlichen Verdauungsgeräusche – oder eben „Musik". Entsprechend „ohne Musik" ist die Marinade ohne Zwiebeln.

Eine andere Erklärung für die Musik sind die Serviergeräusche für die früher separat gereichten Öl- und Essig-Fläschchen, die dabei aneinander klimperten.

Prophezeiung:
Die „Mussigg" stellt sich erst nach dem Verzehr ein!

Keine Überraschung, aber erfreulich: „Oh, heute Abend gibt es ja mal einen Salatteller." „Woher weißt Du das?" „Es riecht nicht angebrannt …"

Handkäs mit Musik

*400 g Handkäse oder
Harzer Käse*

1 rote Zwiebel

einige Petersilienblättchen

Marinade:

8 EL Apfelessig

5 EL Apfelwein oder Apfelsaft

4 EL Speiseöl (z. B. Sonnenblume)

*4 gehäufte EL feine Zwiebel-
würfel*

Pfeffer aus der Mühle

1/2 TL Kümmel

Aus Essig, Apfelwein oder Apfelsaft und Öl unter Zugabe der feinen Zwiebelwürfel eine Marinade zubereiten, mit Pfeffer und
Kümmel abschmecken.
Den Käse in Rollen teilen, eventuell noch einmal halbieren und
mit der Marinade übergießen. Zugedeckt den Käse mindestens
3 bis maximal 6 Stunden bei Zimmertemperatur marinieren lassen. Den Käse aus der Marinade nehmen und zum Anrichten in
fingerdicke Scheiben schneiden. Etwas Marinade obenauf geben
und mit dünnen Streifen von der roten Zwiebel und gezupften
Petersilienblättchen dekorieren. Dazu Butter und frisches Bauernbrot und ein Glas Apfelmost oder -wein reichen.

*Wer keine ganzen Kümmelkörner mag, verwendet gemahle-
nen Kümmel. Den Kümmel sollte man nicht ganz weglassen,
denn er hilft ungemein bei der Verdauung.*

Das ist eine originelle Toastschnitte gegen den kleinen Hunger zwischendurch, die nicht nur bei Seefahrern sehr beliebt ist. Die Zubereitung ist genial einfach und trotzdem ist das Bullauge ein echter „Hingucker".

Noch gar nicht so gut bekannt:
Das Lieblingsfrühstück des Dalai Lama ist „Buddhabrot".

Bullauge

Für 1 Portion

1 Scheibe Toastbrot

1 Ei

20 g Butterschmalz

Salz

1 Prise edelsüßes Paprikapulver

Aus der Toastscheibe mit einem runden Ausstecher ein Loch ausstechen. In einer Pfanne das Butterschmalz erhitzen und die Toastscheibe mit dem Loch darin kurz anbraten. Nun das Brot wenden und in das Loch das Ei aufschlagen. Bei mäßiger Hitze die Toastscheibe fertigbraten, bis das Ei zum Setzei geworden ist. Den ausgestochenen Brotkreis beidseitig mitbraten und beim Anrichten an das „Bullauge" anlegen. Der Toastkreis symbolisiert die sogenannte Seeschlagblende, mit der das Bullauge bei heftigem Seegang geschlossen wird.

Der Ausdruck „Affenfett" klingt im ersten Augenblick etwas seltsam. Man sollte aber wissen, dass diese Bezeichnung aus der Seefahrt stammt, wo man mitgenommenes Fleisch bis zum letzten Rest verarbeitete. So wurden Fettabschnitte ausgelassen und in der Küche vielseitig verarbeitet. Wer sich ein wenig in diesem Küchen-Jargon auskennt, weiß, dass mitunter auch schnell mal „gesponnen" wird. So nannte man Fett, dessen Herkunft nicht mehr ganz zu definieren war, einfach Affenfett. In der DDR-Mangelwirtschaft war es ähnlich und so kreierte man einen sehr schmackhaften – allerdings auch kalorienreichen – Brotaufstrich.

Affenfett

Für ca. 200 g Brotaufstrich

2 EL Speiseöl

100 g durchwachsener Bauchspeck

80 g Zwiebelwürfel

2 Eier

200 ml Vollmilch

1 gestrichener EL Weizenmehl

Salz, Pfeffer, Majoran nach Geschmack

Das Öl in einer Pfanne erhitzen und darin die fein geschnittenen Speckwürfel auslassen. Nun die feinen Zwiebelwürfel darin glasig schwitzen. In der Zwischenzeit die Eier aufschlagen und mit der Milch gründlich verrühren. Nun das Mehl einrühren und mit Salz, Pfeffer und Majoran würzen. Die Eiermasse über den ausgelassenen Speck mit den Zwiebelwürfeln gießen und etwas stocken lassen. Dann wie beim Rührei von außen nach innen mit einem Holzlöffel die Masse durchmengen. Das Affenfett sollte nicht zu fest werden. Dann abkühlen lassen, aber am besten noch warm auf Bauernbrotschnitten verteilt zu Tisch bringen.

Originelle Süppchen und Eintöpfe

Der Brocken (auch Blocksberg genannt) gilt seit Jahrhunderten als Hauptversammlungsort der deutschen Hexen. Nicht nur zur Walpurgisnacht, sondern eigentlich über das gesamte Jahr kann man rund um den sagenumwobenen Brocken Hexenwirtschaft entdecken. Keine Hexerei ist diese herbstliche Kürbissuppe, die aber Hexenwerk sein könnte und auf jeder Halloween-Party Eindruck schindet. Durch geschickte Anrichteweise erhält man den Eindruck, dass aus dem brodelnden Hexenkessel ein Opfer herausguckt. Feurige Schärfe erweckt das Gefühl eines Besenrittes in schwindelnde Höhen und nach dem Genuss krächzen nicht nur die Raben ...

Brodelnde Hexensuppe

50 ml Olivenöl

100 g gepellte Zwiebeln

1 Knoblauchzehe

600 g Kürbisfleisch z. B. Butternuss- oder Hokkaidokürbis

Salz, Pfeffer

1 Chilischote

0,7 l Gemüsebrühe

1/4 l Küchensahne

50 g frische Ingwerwurzel

Zum Dekorieren:

150 ml Crème fraîche

4 Oliven mit Paprikafüllung

etwas Zimtpuder

Das Olivenöl in einem Topf erhitzen und darin die in grobe Würfel geschnittenen Zwiebelwürfel und die gehackte Knoblauchzehe anschwitzen. Nun das ebenfalls grob gewürfelte Kürbisfleisch ohne Kerne zugeben und auch anschwitzen. Mit Pfeffer und Salz würzen. Die Chilischote längs halbieren, die Kerne entfernen, das Fruchtfleisch klein schneiden und ebenfalls hinzugeben. Nun die Gemüsebrühe angießen und den Suppenansatz etwa **eine halbe Stunde** köcheln lassen. Sobald das Kürbisfleisch gar ist, die Suppe mit dem Pürierstab fein pürieren. Nun die Küchensahne dazugeben. Mit einer feinen Reibe die geschälte Ingwerwurzel in die Suppe reiben. Die Suppe in tiefen Tellern oder Suppenschalen anrichten.

Mit einem Esslöffel aus der Crème fraîche Nocken formen, von denen man je zwei pro Teller als Augen aufsetzt. In die Mitte der Nocken je eine halbierte Olive mit Paprikafüllung als Pupille setzen. Mit etwas Zimtpuder noch einen Mund andeuten. Fertig ist das gruselige Essvergnügen. Wer es unkomplizierter mag, verziert seine Hexensuppe mit einem Spinnennetz aus Sahne.

Die Zutatenliste für den typisch ländlichen, westfälischen Eintopf ist relativ lang, aber alles ist unkompliziert beschaffbar. Die Vielzahl der Ingredienzien hat auch etwas mit dem Namen des Eintopfes zu tun. Getreu dem Ausspruch „Auch ein blindes Huhn findet mal ein Korn" ist ganz bestimmt etwas dabei, was einem schmeckt. Nur eines wird man als Nicht-Westfale vergeblich in diesem Eintopf suchen: das Huhn ...

Zwei Kinder im Gespräch: „Wir beten immer vor dem Essen." „Wir nicht, unsere Mutti kann gut kochen!"

Westfälisches Blindhuhn

60 g Schweineschmalz

100 g feine Zwiebelwürfel

500 g festkochende geschälte Kartoffeln

100 g geschälte Möhre

200 g grüne Bohnen

1 l Gemüsebrühe

1 Zweig Bohnenkraut

1 Lorbeerblatt

2 Lauchzwiebeln

200 g weiße gekochte Bohnen

1 säuerlicher Apfel

1 feste Birne

300 g durchwachsener leicht geräucherter und gekochter Schweinebauch

je 1 kleines Bund Petersilie und Schnittlauch

1 Spritzer Weinessig

Salz, Pfeffer

geriebene Muskatnuss

Schweineschmalz in einem Topf erhitzen und die Zwiebelwürfel darin glasig schwitzen. Nun die in Würfel geschnittenen Kartoffeln und Möhren sowie die geputzten und in Stücke geschnittenen grünen Bohnen zugeben. Das Ganze zusammen andünsten und dann die Gemüsebrühe zugießen. Jetzt das Bohnenkraut, Lorbeerblatt und die in schräge Scheiben geschnittenen Lauchzwiebeln zugeben und alles zum Kochen bringen. Zugedeckt ca. **20 Minuten** kochen lassen, bis die Kartoffeln und das Gemüse gar sind. Nun die gegarten weißen Bohnen, den geschälten, vom Kerngehäuse befreiten und in Schnitze geschnittenen Apfel und die ebenso vorbereitete Birne dazugeben. Alles zusammen nochmals kurz aufkochen, sodass aber die Obstschnitze nicht zerfallen. Zum Schluss fein gehackte Petersilie und den in feine Röllchen geschnittenen Schnittlauch zufügen. Mit Salz, Pfeffer, Weinessig und etwas geriebener Muskatnuss abschmecken.

Den gekochten Schweinebauch in Scheiben schneiden und im Eintopf erhitzen.

 *Wer möchte, kann den Eintopf auch noch mit einer Mehlschwitze etwas binden – meist ist dies aber gar nicht erforderlich. Der Eintopf wird durch die Kartoffeln sämig gebunden.*

Es scheint, als gäbe es in Mecklenburg-Vorpommern keine Witze. Hier ist auf den ersten Blick alles Realität. Das beginnt schon bei der Sprache. Tüften sind in einigen Gegenden die Kartoffeln und Plum sind die Pflaumen. Wer kocht in den restlichen deutschen Landen eine Kartoffelsuppe mit Pflaumen? Und der „Knaller" ist – die schmeckt sogar!

Tüften un Plum

2 EL Speiseöl

100 g gepellte Zwiebeln

200 g durchwachsener Rauchspeck

500 g mehlig kochende, geschälte Kartoffeln

100 g geschälte Möhren

100 g geputzter Sellerie

100 g geputzter Porree

1 l Gemüsebrühe, 1 Lorbeerblatt

150 g entsteinte Backpflaumen

200 ml Küchensahne

1 kleines Bund Petersilie

Salz, Pfeffer

1 Spritzer Weinessig

Das Speiseöl in einem Topf erhitzen und die in feine Würfel geschnittene Zwiebel darin glasig schwitzen. Nun den in kleine Würfel geschnittenen Räucherspeck zugeben und etwas ausbraten lassen. Danach die in Würfel geschnittenen Kartoffeln, Möhren und Sellerie zugeben sowie den in feine Ringe geschnittenen Porree. Das Ganze mit Pfeffer und Salz würzen und zusammen anschwitzen, ohne es Farbe nehmen zu lassen.

Nun den Suppenansatz mit der Gemüsebrühe auffüllen, das Lorbeerblatt zugeben und alles zusammen zum Kochen bringen. Wenn die Kartoffeln beginnen weich zu werden, kommen die in Streifen geschnittenen Backpflaumen dazu. Auf kleiner Flamme noch **5 Minuten** köcheln lassen. Zum Schluss die Küchensahne zugeben und den Eintopf mit der gewaschenen und fein gehackten Petersilie bestreuen. Mit Salz, Pfeffer und Weinessig abschmecken.

Wünsch Dir was: „Mutti, ich möchte einen Hamburger." „Nein, Du heiratest keinen Norddeutschen!"

Der Erste Kappeler Krieg 1529 war ein unblutiger Krieg. Das gibt es wahrscheinlich nur in der Schweiz. Während die Anführer verhandelten, nutzte das Fußvolk die Zeit für eine kulinarische Verbrüderung. Bei Kappel am Albis, auf der Grenze zwischen den beiden Kantonen, wurde ein Suppentopf aufs Feuer gestellt, die reformierten Züricher brachten das Brot und die katholischen Innenschweizer die Milch für die Suppe, die dann gemeinsam ausgelöffelt wurde. Südwestlich von Ebertswil erinnert der „Kappeler Milchsuppenstein" an die „Friedenssuppe".

Kappeler Milchsuppe

1 l Vollmilch

1 Lorbeerblatt, 1 Gewürznelke

70 g heller Saucenbinder

120 g dunkles Mischbrot (in der Schweiz Ruchbrot genannt)

geriebene Muskatnuss

Gemüse-Streuwürze

weißer Pfeffer

Die Milch mit dem Lorbeerblatt und der Gewürznelke zum Kochen bringen und auf kleiner Flamme etwa **5 Minuten** leise köcheln lassen. Dann die Gewürze wieder herausnehmen und die gewürzte Milch mit dem Saucenbinder sämig binden, unter Rühren nochmals kurz durchkochen. Die Suppe mit geriebener Muskatnuss und weißem Pfeffer abschmecken. Das Brot in nicht zu grobe Würfel schneiden und zum Schluss in die Suppe geben. In der Schweiz sagt man: „En Guete!".

Die Kappeler Milchsuppe (Gemälde von Albert Anker, 1869)

Wie schnell hat man die Formulierung „Daran könnte ich mich dumm essen" auf den Lippen. Aber: Kann man sich eigentlich dumm essen? Ganz klar, wenn unser Gehirn Höchstleistungen erbringen soll, dann braucht es Power. Nicht alles, was wir so zu uns nehmen, ist jedoch als guter „Treibstoff" geeignet. Weltweit nehmen Erkrankungen, auch geistiger Natur, zu. Da steht einiges bei unserer Ernährung im Verdacht, solche Erkrankungen zu fördern, beispielsweise die Überversorgung mit Glutamat. Der Geschmacksverstärker ist vor allem in Fertigprodukten vorhanden. Die vorgeschlagene Suppe ist davon frei und außerdem: Die Dosis macht immer das Gift! Hier eine Partysuppe, von der man wirklich nie genug bekommt, lecker und einfach herzustellen.

Trugschluss: Wenn du etwas isst und keiner sieht es, dann hat es auch keine Kalorien.

Ess mich dumm dran-Suppe

Für 4 bis 6 Portionen

2 EL Öl

100 g gepellte Zwiebel, in feine Würfel geschnitten

500 g Gehacktes halb und halb

1 Dose (850 g) geschälte Tomaten

300 g Champignons

150 g Schmelzkäse, neutral

200 ml Küchensahne

getrockneter Oregano

Pfeffer, Salz

Im erhitzten Speiseöl die Zwiebelwürfel glasig schwitzen und das Hackfleisch anbraten. Mit einem Holzlöffel in der Pfanne das Hackfleisch unter Rühren zerkrümeln. Nun die geputzten und fein gehackten Champignons zugeben, mit Pfeffer und Salz kräftig würzen.

In einem Topf die inzwischen pürierten, geschälten Tomaten mit der Küchensahne und dem Schmelzkäse unter ständigem Rühren zum Kochen bringen, sodass sich der Schmelzkäse restlos auflöst und eine cremige Bindung erzielt. Nun die Hackfleischmasse in den Topf geben und die Suppe nochmals kurz aufkochen. Mit Pfeffer, Salz und etwas Oregano abschmecken.

Auf die Löffel ... fertig ... los!

Schottische Tomatensuppe

Dieses preisgekrönte Rezept eines Institutes zur Gewichtreduzierung ist genial sparsam und auch für Koch-Unbegabte bestens geeignet, denn es funktioniert ganz ohne Zubereitungshinweise. Die Zutaten sind selbsterklärend: 1 rote Suppentasse und 1/4 Liter Wasser!

Diese Suppe ist auch unter dem nicht so reizvollen Namen „Kohlsuppen-Diät" bekannt geworden. Erfunden hat sie 1997 die US-Amerikanerin Margaret Danbrod.

Mit der Kohlsuppe kann man, wenn es gut läuft, in fünf Tagen vier Kilogramm Körpergewicht verlieren. Da kann man schon von einem kleinen Wunder sprechen.

Man muss die Suppe jedoch nicht als Diät nutzen, denn sie schmeckt auch als ganz normaler Eintopf sehr lecker. Der Vorteil ist, dass man ohne Diät-Hintergrund nicht „die Erbsen zählen" braucht und mit den Einlagen (siehe Tipp Seite 27) einen richtig schmackhaften Eintopf bekommt, der auch Männern mundet.

Wunder gibt es immer wieder! Jesus verwandelte Wasser zu Wein. Die Holländer machen aus Wasser Tomaten und Gurken.

Wundersuppe

Hier die Zutaten für die Grund-suppe als Diät. Diese reichen fünf Tage für 1 Person je vier Portio-nen à 1/4 Liter über den Tag ver-teilt, insgesamt also 5 Liter.

je 500 g Weißkohl, Möhren, rote Paprika und Porree

4 Stangen Staudensellerie

350 g gepellte Zwiebeln

2 EL Olivenöl

4 l Gemüsebrühe (frisch oder Instant)

scharfes Rosen-Paprikapulver

500 ml pürierte, geschälte Tomaten

1 Chilischote, Salz

Das Gemüse putzen, waschen, bei Bedarf schälen. Die Zwiebeln in dünne Keile schneiden. Möhren und Porree in Scheiben, Paprika und Sellerie in Stücke und den Weißkohl in nicht zu feine Streifen schneiden.

Das Öl in einem passenden großen Topf erhitzen und die Zwiebeln darin glasig schwitzen. Nun Möhren, Sellerie und Paprika zugeben und unter Rühren ca. **4 Minuten** andünsten. Dann Porree und Kohlstreifen zugeben und mit andünsten. Alles zusammen schmoren, es darf etwas Farbe nehmen! Mit dem Paprikapulver kräftig würzen. Die Gemüsebrühe angießen und bei geschlossenem Deckel etwa **10 Minuten** kochen lassen. Nun die fein gehackte, geputzte Chilischote und das Tomatenpüree zugeben und mit Salz abschmecken. Die fertige, ausgekühlte Suppe im Kühlschrank aufbewahren und immer nur so viel entnehmen und erhitzen, wie für die Mahlzeit benötigt wird.

Wer die Kalorien nicht so stark zählt, kann abwechselnd zur Mittagszeit etwa 50 g Kartoffeln oder 15 g Couscous, Reis oder Nudeln zugeben. Am Abend darf es mal ein Wiener Würstchen, 50 g gebratenes Hähnchen- oder Putenfilet oder geräucherte Fleischwurst sein. Verschiedenes Gemüse, bis zu 250 g pro Mahlzeit, oder auch einige Champignons peppen den Eintopf ebenfalls auf.

So negativ, wie sich die Bezeichnung erst einmal anhört, meinen es die Thüringer in diesem Fall wirklich nicht. Vielmehr soll zum Ausdruck gebracht werden, dass sich diese Suppe ohne viel Mühe und Aufwand zubereiten lässt. Das Rezept stammt aus einer Zeit, in der es vor allem darauf ankam, mit wenigen und preiswerten Zutaten eine sättigende und zugleich schmackhafte Mahlzeit herzustellen.

Die Suppeneinlage nennt man in Thüringen auch Grümpel (Grömpel), weshalb die Suppe insbesondere in Südthüringen oft „Grümpelsupp" genannt wird. Grümpel sind kleine, herzhafte, handgemachte Mehlklößchen.

Es soll nicht unerwähnt bleiben, dass die Suppe ein Leibgericht des jungen Friedrich Schiller war. Der 23-jährige mittellose Dichter kam unter dem Pseudonym „Dr. Ritter" im Jahr 1782 in den kleinen Südthüringer Ort Bauerbach südlich von Meiningen. Rund acht Monate weilte er hier als Gast auf dem Rittergut seiner späteren Gönnerin Henriette von Wolzogen. Im Gasthaus „Zum

braunen Ross" ließ er sich überwiegend mit der preiswerten Grümpelsuppe beköstigen. Ob ihn diese damals noch sehr spartanische Suppe zu neuen Taten beflügelte, ist nicht überliefert. Immerhin vollendete Schiller in dieser Zeit sein Drama „Kabale und Liebe" und begann an „Don Carlos" zu arbeiten.

Ursprünglich bildete die Fleischbrühe vom Schweineschlachten die Grundlage der Suppe. Mir schmeckt aber die Brühe von der Rinderbeinscheibe viel besser. Deshalb verwende ich Rinderbrühe von der Beinscheibe in meinem Rezept für die Faule Weiber Suppe.

Faule Weiber Suppe aus Thüringen

ca. 500 g Rinderbeinscheiben

1 mittelgroße Zwiebel

1 Lorbeerblatt, 3 Pimentkörner

1 TL Pfefferkörner

250 g geputztes Wurzelgemüse
(Möhre, Petersilienwurzel,
Pastinake, Sellerie)

100 g Porree

Für die Grümpel:

200 g Weizenmehl, 2 Eier

Abrieb von 1 Muskatnuss, Salz

1 Zweig Liebstöckel

1 kleines Bund Petersilie

Die Rinderbeinscheiben in kaltem Salzwasser ansetzen und zum Kochen bringen. Den sich bildenden Eiweißschaum immer wieder mit einer Schaumkelle abnehmen. Die Zwiebel halbieren und in einer trockenen Eisenpfanne an den Schnittflächen dunkelbraun rösten.

Wenn sich im Topf kein Schaum mehr bildet, Lorbeer, Piment- und Pfefferkörner sowie die Zwiebelhälften dazugeben. Bei reduzierter Hitze die Beinscheiben köcheln, bis sich das Fleisch leicht vom Knochen lösen lässt. Nun die Brühe abseihen, dann nochmals zum Kochen bringen und darin das in dünne Scheiben geschnittene Wurzelgemüse und die Porreestreifen bissfest garen.

Inzwischen Mehl, Eier, etwas Muskatabrieb und Salz zu einem klebrigen Teig kneten. Bei Bedarf noch einige Tropfen Wasser zugeben. In einem zweiten Topf Salzwasser zum Kochen bringen. Vom Teig mit zwei Teelöffeln kirschgroße Klümpchen (Grümpel oder auch Grömpel genannt) abstechen und in das kochende Salzwasser geben. Die Grümpel sind gar, wenn sie an der Oberfläche schwimmen, dann herausnehmen und in die Rindersuppe geben. Den Liebstöckelzweig etwa **5 Minuten** zum Aromatisieren in die Suppe geben, dann wieder herausnehmen. Das Fleisch der Rinderbeinscheiben von den Sehnen befreien, in dünne Blättchen schneiden und in die Suppe zurückgeben. Suppe noch einmal abschmecken und vor dem Servieren die gewaschene und fein gehackte Petersilie darüber streuen.

Geschichten einer Ehe:
„Liebling, was gibt
es heute zu essen?"
„Nichts." „Aber das gab
es doch schon gestern!"
„Habe ja auch gleich für
zwei Tage vorgekocht ..."

Das macht richtig satt

Das war und ist ein beliebtes Gericht im Gebiet der ehemaligen DDR. Besonders in Mecklenburg ist Bunte Katze (auch Schichtpfanne genannt) sehr populär. Für das beliebte Pfannengericht muss wirklich kein Stubentiger sein Leben lassen. Versprochen! Der Name kommt übrigens von der Katze mit dem dreifarbigen Fell, die als Glücksbringer gilt, da sie so selten zu finden ist.

Mecklenburger „Bunte Katze"

800 g geschälte mehlig kochende Kartoffeln

120 g feine Zwiebelwürfel

3 EL Speiseöl

400 g nicht zu fetter Schweinekamm

Salz, Pfeffer

gemahlener Kümmel

etwas Majoran (wer mag)

Butter zum Fetten der Pfanne

1 Bund Schnittlauch

Die geschälten Kartoffeln in Stücke geschnitten in Salzwasser garen. Inzwischen die Zwiebelwürfel im Öl glasig dünsten. Nach dem Abgießen die Kartoffeln mit dem Kartoffelstampfer gründlich zerkleinern und die gedünsteten Zwiebelwürfel unterheben. Das herzhafte Kartoffel-Zwiebelpüree in eine mit Butter gut gefettete feuerfeste Pfanne oder Auflaufform einschichten und glatt streichen.

Den Schweinekamm in kleine Würfel schneiden und mit Pfeffer, Salz und nach Geschmack mit gemahlenem Kümmel oder auch Majoran würzen und gut vermischen. Nun die gewürzten Fleischwürfel gleichmäßig über dem Kartoffelstampf verteilen. Die Form oder Pfanne in den vorgeheizten Backofen stellen und bei **180 °C** etwa **10 bis 12 Minuten** knusprig überbacken. Das fertige Gericht vierteln und aus der Pfanne auf die Teller heben. Mit fein geschnittenen Schnittlauchröllchen oder Petersilie bestreuen.

Dazu isst man in Mecklenburg sehr gerne einen Möhrensalat oder auch einen anderen gemischten Rohkostsalat.

Die Franken haben eine besondere Neigung zur „blauen Küche". Diese stammt aus alten Zeiten, als man aufgrund der eingeschränkten Kühltechnik nach Konservierungsmöglichkeiten für frische Produkte suchte. Der Blausud ist eine leichte Form der Konservierung. Die dabei entstandene gebrühte Bratwurst hat es in punkto Geschmack in sich: zart im Biss, würzig und frisch im Geschmack und etwas weniger kalorienreich als die gebratene Variante.

Man bereitet sie in einem fein gewürzten Wurzelsud aus etwas Weinessig oder Wein, Zucker, Salz und Pfeffer, reichlich Zwiebel sowie einer speziellen Gewürzmischung zu, lässt sie gut durchziehen und serviert sie mit etwas Sud, Zwiebeln und Gemüse zu Brot oder Brezel.

Blaue Zipfel sind ein typisches Gericht für warme Sommerabende oder milde Herbsttage. In den meisten oberfränkischen Gaststätten werden sie aber auch ganzjährig als leichte Zwischenmahlzeit oder zur Brotzeit angeboten. Übrigens behaupten die Bamberger, dass sich ihre mittelgroben Bratwürste am besten als Blaue Zipfel zubereiten lassen. Blaue Zipfel schmecken besonders gut zu einem frischen fränkischen Kellerbier oder zu einem würzigen Häckerschoppen.

Klein Venedig – Bamberg an der Regnitz

Seufzer eines gut Beleibten: „Wenn Essen ein Beruf wäre, wäre ich reich!"

Hinweis für den Ehemann,
der von der Arbeit kommt:
Liebling, Dein Essen steht
im Kochbuch auf Seite 37!

Blaue Zipfel – eine fränkische Spezialität

*4 grobe, ungebrühte Bratwürste
á 150 g*

100 g gepellte Zwiebeln

150 g geschälte Möhren

60 g geputzte Sellerieknolle

60 g geschälte Petersilienwurzel

*60 g geputzter Porree (vorzugs-
weise vom unteren weißen Teil)*

200 g Sahnemeerrettich

Für den Sud:

1/4 l Weinessig

1/4 l weißer Frankenwein

1 TL Salz, 1 Prise Zucker

1 TL schwarze Pfefferkörner

5 Pimentkörner

5 Wacholderbeeren

2 Gewürznelken

Für den Sud Weinessig mit Weißwein und 1/2 l Wasser vermischen und mit Salz, Zucker nach Geschmack und den übrigen Gewürzen zusammen zum Kochen bringen.

In der Zwischenzeit die Zwiebeln halbieren und in Streifen schneiden. Das andere Gemüse ebenfalls in sehr feine Streifen schneiden. Nun die Gemüsestreifen mit den Zwiebeln in den Sud geben und alles zusammen etwa **3 bis 4 Minuten** bissfest garen. Dann die Gemüsestreifen abseihen. Die Bratwürste in den heißen Sud geben. Bei geringer Hitze je nach Größe und Stärke des Darmes etwa **15 bis 25 Minuten** garziehen lassen ohne sie zu kochen. Zum Schluss die Gemüsestreifen wieder zufügen und noch einmal kurz erhitzen.

Die Würste in tiefen Tellern mit jeweils 1/4 vom Gemüse anrichten und mit etwas Sud begießen. Sofort zu Tisch bringen und je ein Schälchen vom Sahnemeerrettich dazu servieren. Der „Blaue Zipfel" wird mit Messer, Gabel und Löffel gegessen. Dazu Brezeln oder frisches Bauernbrot im Brotkorb reichen.

Übrig gebliebene Blaue Zipfel nimmt man zur längeren Aufbewahrung aus dem Sud. Sie halten sich 2 bis 3 Tage im Kühlschrank. Danach wieder gut erwärmen.

Es soll ja den einen oder anderen Vertreter der Gattung Mensch geben, der sich im Alltag wie im Rezeptnamen verhält. Das ist jedoch ein ganz anderes Thema. Wildschweine stellen auch in unseren Breiten oft ein echtes Problem dar.

Sie vermehren sich stark und richten insbesondere in der Landwirtschaft enorme Schäden an. Unsere Lebensmittel-„Wegwerfkultur" führt oft dazu, dass sich Wildschweine in Siedlungen oder gar in Großstädten zeigen. Da ist es doch besser, die „besoffene Wildsau" als Gaumenschmaus zu entdecken. Eine sächsische Variante funktioniert perfekt mit Kümmelschnaps und Schwarzbier.

Besoffene Wildsau

1 kg Wildschweinkeule ohne Knochen

80 g Honig

1/4 l Schwarzbier

4 cl Aquavit oder ein anderer „Kümmel"

1/2 TL Kümmelkörner

3 zerdrückte Wacholderbeeren

etwas Abrieb von 1 Bio-Zitrone

60 g Öl

150 ml Apfelsaft

20 g Speisestärke

Pfeffer, Salz

Das Fleisch waschen. Honig, Schwarzbier, Aquavit, Kümmelkörner, Zitronenabrieb und zerdrückte Wacholderbeeren zu einer Marinade verrühren und das Wildschweinfleisch darin gut verschlossen etwa **2 Tage** gekühlt marinieren. Das Fleisch zwischendurch immer mal wenden.

Am Tag der Zubereitung das Fleisch gut abtropfen lassen und mit Küchenkrepp trocken tupfen. Mit Salz und Pfeffer würzen und im erhitzten Öl rundum kräftig anbraten. Nach und nach die Marinade angießen und zugedeckt immer wieder einkochen lassen. Je nach Alter des Tieres dauert der Schmorprozess **1 bis 1 1/2 Stunden**. Zum Schluss den Apfelsaft angießen und nochmals die Flüssigkeit um die Hälfte reduzieren. Nun das Fleisch herausnehmen und portionieren. Den Bratensatz mit etwas übrig gelassenem Apfelsaft und eingerührter Speisestärke leicht binden und durch ein Sieb seihen. Mit Salz und Pfeffer abschmecken und die Fleischscheiben damit saucieren. Dazu schmecken ein fruchtiges Rotkohlgemüse und Kartoffelklöße.

Auch dieses Gericht verdankt seinen ungewöhnlichen Namen dem
Aussehen. Denn die gefüllten Schinkenrollen erinnern ein wenig an die
kleinen Nagetierchen. Nichtsdesto-
trotz ist es ein sehr schmackhaftes
und in vielen Regionen beliebtes
Rezept. Ursprünglich soll dieses
eher einfache Gericht aus dem Böh-
mischen stammen und wurde mit
dem ungewöhnlichen Namen etwas
geheimnisvoller und reizvoller ge-
macht. Wer es probiert, wird mit
dem köstlichen Geschmack belohnt.

Nackte Mäuse

500 g Hackfleisch halb und halb
80 g Zwiebelwürfel
2 Knoblauchzehen
8 Scheiben Kochschinken
450 g geschälte Tomaten (Dose)
150 ml Schmand
150 ml Küchensahne
30 g Tomatenmark
1 kleines Bund Basilikum
Oregano, Pfeffer, Salz

Das Hackfleisch mit den fein geschnittenen Zwiebelwürfeln, dem gepellten und sehr fein gehackten Knoblauch vermengen und mit Pfeffer und Salz kräftig würzen. Die fertige Hackmasse in acht gleichgroße Teile teilen und diese zu Rollen von der Länge der Schinkenscheiben formen. Nun die Hackfleischrollen in die Schinkenscheiben einrollen. Die gefüllten Schinkenrollen in eine feuerfeste Form mit der „Naht" nach unten legen.

Die geschälten Tomaten in grobe Stücke hacken, mit dem Schmand, der Sahne und mit dem Tomatenmark zur leichten Bindung verrühren und mit Salz, Pfeffer, dem geschnittenen Basilikum und Oregano abschmecken. Nun die Masse über die Schinkenröllchen gießen und bei **170 bis 180 °C** ca. **25 bis 30 Minuten** im vorgeheizten Ofen garen. Die Schinkenröllchen paarweise auf dem Teller anrichten und mit dem Tomatengemüse zu Tisch bringen.

Dazu schmecken kurze Nudeln wie z. B. Spirelli oder Fusilli.

Lange Zeit legte man in Berlin die dort erfundene Bockwurst in eine braune Bratensauce ein und reichte Bratkartoffeln dazu. Später gehörte unbedingt auch Senf zu der Wurst und die Berliner nannten das Gericht Stolzer Heinrich. In Wirklichkeit hat der Stolze Heinrich seine Wurzeln in der schlesischen Küche, wo eine Weißwurst aus Kalbfleisch zur Weihnachtszeit oder zu Hochzeiten kredenzt wurde. Diese musste mindestens eine Elle (44 cm) lang sein. Wahrhaft ein stolzer Heinrich! Im Laufe der Zeit wurde die weiße schlesische Kalbsbratwurst in der Berliner Küche wohl durch die typische deutsche Bratwurst ersetzt. Die aromatische Biersauce bewahrt aber weitestgehend den Charakter dieser schlesischen Spezialität. Hier mein Lieblingsrezept für diese Wurstspezialität.

Man wird doch mal fragen dürfen: „Herr Ober, wieso sind zwei Spiegeleier teurer als zwei Rühreier?" „Weil man Spiegeleier nachzählen kann!"

Stolzer Heinrich

4 gebrühte Bratwürste á 150 g

100 ml Milch

40 g Butter

100 g Saucenkuchen

1/2 l Schwarzbier

Lorbeer

Kümmel

Gewürznelken

Salz, Pfeffer

Zucker nach Geschmack

Die Bratwürste mit einer Gabel oder mit einem Zahnstocher mehrfach einstechen und ca. **10 bis 15 Minuten** in die kalte Milch einlegen. Die Butter bei milder Hitze in einer Pfanne schmelzen und die abgetropften Bratwürste darin rundum goldbraun anbraten. Danach die Würste aus der Pfanne nehmen, den zerbröselten Saucenkuchen zugeben und mit dem Schwarzbier auffüllen. Nach Geschmack die Gewürze zugeben und alles rühren, bis sich der Saucenkuchen gut gelöst hat. Dann die Gewürze aus der Sauce seihen und die Würste in die Sauce legen. Auf kleiner Flamme die Würste noch etwas ziehen lassen. Sie sollten aber keinesfalls platzen. Zu den Würsten in der Biersauce reicht man der Tradition nach Stampfkartoffeln oder Kartoffelsalat und natürlich Senf.

Gegen die Hygieneverordnung: Die Küche sieht aus wie Sau! Ich habe das Licht ausgemacht. Jetzt geht's!

Das Gericht Dibbelabbes ist auch als Dibbekoche, Dippedotz, Döbbekuchen, Döpekooche oder Rierschales bekannt und wohl abgeleitet von „Topfkuchen". Es war ursprünglich ein einfaches Gericht aus rohen Kartoffeln, Zwiebeln, geräuchertem Bauchspeck und einfachen Gewürzen. Die Zutaten kamen in die „Dibbe", einen gusseisernen Bräter.

Je nach Region und Familie werden die Zutaten noch erweitert oder abgewandelt. Diese Mahlzeit ist im nördlichen Rheinland-Pfalz und im südlichen Nordrhein-Westfalen als Dippedotz (siehe auch Seite 51) beliebt, im Hunsrück, Saarland und der Eifel wird es als Dibbelabbes gegessen.

Bei einer kulinarischen Goethe-Exkursion in einem sehr schönen Gasthotel in Völklingen lernte ich dieses merkwürdig benannte Gericht kennen. Der Name klingt im ersten Moment nach etwas Schwabbeligem. Doch das Gericht ist es gar nicht, wie sich bald herausstellte. In Hessen nennt man einen Topf auch Dippe, einen Teig nennt man im Saarland, aber auch in der benachbarten Pfalz Labbes. Bereitet man den Teig aus geriebenen Kartoffeln, Porree, Speck, Zwiebeln und Ei, verarbeitet ihn wie nachfolgend beschrieben, und isst dann noch Apfelmus dazu, dann hat man einen Dibbelabbes. Auch hier gilt wieder einmal: Gegensätze ziehen sich an.

Saarschleife bei Mettlach im Saarland

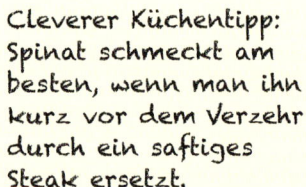

Cleverer Küchentipp: Spinat schmeckt am besten, wenn man ihn kurz vor dem Verzehr durch ein saftiges Steak ersetzt.

Dibbelabbes

Für 6 bis 8 Portionen

2 kg geschälte Kartoffeln

200 g gepellte Zwiebeln

200 g geputzter Porree

1 Ei

Salz, Pfeffer

geriebene Muskatnuss

3 EL Speiseöl

250 g durchwachsene Schinkenwürfel

Die geschälten und gewaschenen Kartoffeln mit einer Reibe fein raspeln. Die Raspeln dann mit Hilfe eines Tuches fest ausdrücken. Zu der ausgedrückten Kartoffelmasse die geriebenen Zwiebeln geben. Den in feine Streifen geschnittenen Porree zufügen. Nun das Ei hineinschlagen und mit Salz, Pfeffer und Muskatnuss würzen. Alles gut zu einem Teig vermischen.

In einem gusseisernen Bräter das Öl erhitzen und die Schinkenwürfel darin knusprig braten. Dann die komplette Kartoffelmasse zugeben. Wenn die Masse am Boden knusprig anbackt, mit einem Bratenwender alles durcharbeiten und zerpflücken. Das wird so oft wiederholt, bis sich möglichst viele knusprige Teilchen ergeben.

Im Saarland nennt man das auch „Herschdscher". Das spricht sich am besten nach 3 bis 4 Bierchen aus!

Dazu wird als traditionelle Beilage Apfelmus gereicht.

Hinter diesem manchmal auch „Verkehrsunfall" genannten Gericht verbirgt sich die bei vielen sehr beliebte Grützwurst mit Kartoffeln und Sauerkraut. Dieses Gericht verdankt seine makabren Bezeichnungen auf jeden Fall seinem nicht unbedingt appetitlichen Aussehen. Dafür schmeckt es allen Blutwurstliebhabern sehr gut.

Tote Oma

1 Tasse Fleischbrühe

400 g einfache Blutwurst ohne Speckgrieben

200 g Leberwurst

100 g feine Zwiebelwürfel

1 TL Majoran

Pfeffer aus der Mühle

eventuell 1 EL Semmelmehl

Die Fleischbrühe in einem Topf erhitzen. Von den Würsten die Pelle abziehen und in grobe Würfel schneiden. Die Wurstwürfel in die kochende Brühe geben und bei milder Hitze schmelzen. Nun die rohen Zwiebelwürfel dazugeben und mit dem Majoran sowie Pfeffer aus der Mühle abschmecken. Unter kräftigem Rühren etwa **2 bis 3 Minuten** das Ganze durchgaren. Wer die Konsistenz etwas fester mag, kann noch etwas Semmelmehl zugeben. Das muss allerdings nicht sein.

Zur „Toten Oma" isst man meist Sauerkraut und Pellkartoffeln. Die Grützwurst schmeckt aber auch kalt als Brotbelag.

Die letzten Worte des Metzgers: „Schmeiß mal das Messer rüber ..."

Trotz seines plakativen Namens stammt dieses schnell und kinderleicht zubereitete Gericht nicht aus dem einstigen Arbeiter- und Bauernstaat namens DDR. Die Erfinder dieses schmackhaften, würzigen „Schnitzels" kommen vermutlich aus Bayern.

Warenkunde Fisch:
Der leckerste Fisch ist immer noch der Schnitzel!

Arbeiterschnitzel mit Rücklicht

40 g Butterschmalz

4 dicke Scheiben Leberkäse à 150 g

40 g Speiseöl

4 Eier

Salz, edelsüßes Paprikapulver

In einer Pfanne das Butterschmalz erhitzen und darin die Leberkäsescheiben von beiden Seiten leicht anbraten. In einer separaten Pfanne das Speiseöl erhitzen und darin bei mäßiger Hitze die Eier zu Setzeiern braten. Das Klare vom Ei etwas salzen. Nach Fertigstellung der Setzeier auf die Eigelbe jeweils etwas Paprikapulver streuen. Die gebratenen Leberkäsescheiben jeweils mit einem Setzei belegen und auf Tellern anrichten. Perfekt passen dazu kross gebratene Bratkartoffeln und ein Kopfsalat in saure-Sahne-Dressing oder auch ein pikanter Kartoffelsalat.

Der Name rührt vom sogenannten „Stippen" für Eintunken her. Es bezeichnete eine Sauce, die zu Kartoffeln gegessen wird. Das Gericht wird manchmal auch „Lehrer- oder Schneiderstippe" genannt und stammt aus der Zeit, als diese Berufsgruppen noch geringe Dienstbezüge erhielten. Man aß dazu Pell- oder Salzkartoffeln, Gurkensalat oder Rote Bete aus dem eigenen Garten. Zur Wintervariante gab es Gewürzgurke, die auch heute noch bestens passt. Mir ist dieses schnelle Hackfleischgericht aus meiner Berliner Zeit bekannt. In anderen Regionen kennt man es wohl auch, in Magdeburg z. B. als Gehacktesstippe.

Beamtenstippe

50 ml Speiseöl oder Butterschmalz
500 g Hackfleisch halb Rind, halb Schwein
100 g feine Zwiebelwürfel
1/2 l Rinderbrühe
50 g Weizenmehl
2 Lorbeerblätter
Salz, Pfeffer
4 nicht zu kleine Gewürzgurken

Im erhitzten Speiseöl oder Butterschmalz die Zwiebelwürfel glasig schwitzen. Das Hackfleisch dazugeben und mit einem Holzlöffel das Fleisch in der Pfanne zerteilen und krümelig braten. Den Ansatz mit Mehl bestäuben und das Mehl mit anrösten. Nun die Brühe zugießen. Bei geringer Hitzezufuhr das Ganze etwa **10 Minuten** mit häufigem Umrühren und unter Zugabe von Salz, Pfeffer und Lorbeerblättern kochen.
Die Gewürzgurken längs vierteln und auf dem Teller arrangieren. Mitunter werden die Gurken aber auch klein geschnitten und kurz vor dem Anrichten unter die Stippe gegeben.
Zur fertigen Beamtenstippe reicht man Bratkartoffeln oder einfach nur Salzkartoffeln.

Gut zu wissen! Zum Thema Haltbarkeit, heißt es: Mindestens haltbar bis ... und nicht: Sicher tödlich ab ...

Kadınbudu Köfte *(auch Kadın Budu Köfte) sind Köfte (Frikadellen) nach „Frauenschenkel Art". Sie können als Beilage, Hauptgericht oder auch als Vorspeise gereicht werden und sind deshalb sehr beliebt. Woher der ungewöhnliche Name kommt, ist nicht klar belegt. Man nimmt an, dass die Bezeichnung daher rührt, dass die Köfte, die beim Genuss förmlich im Mund zerfallen, so zart wie die Schenkel einer schönen Frau sind. Solch leckere Köfte soll man schon im 18. Jh. am Hofe des Sultans verzehrt haben.*

Kadinbudu Köfte – türkische Frikadellen (Rezept zum Titelfoto oben)

3 EL Raps- oder Sonnenblumenöl

500 g Hackfleisch halb Rind, halb Lamm

100 g feine Zwiebelwürfel

2 Knoblauchzehen

nach Geschmack Kreuzkümmel, Chiliflocken, Zimtpuder

Pfeffer, Salz

1 Zweig Thymian

100 g gekochter Reis

2 EL Weizenmehl

4 EL Semmelmehl

3 Eier

100 g Reibekäse (z. B. Gouda)

1 kleines Bund glattblättrige Petersilie

Etwas Speiseöl in einer Pfanne erhitzen und darin die feinen Zwiebelwürfel mit dem sehr fein gehackten Knoblauch glasig schwitzen. Nun 250 g vom gemischten Hackfleisch zugeben und kräftig anbraten. Das Ganze nach Geschmack mit Salz, Pfeffer, abgezupften Thymianblättchen, Kreuzkümmel und Chiliflocken kräftig abschmecken. Dann die Masse auskühlen lassen.

Die abgekühlte Masse mit dem restlichen, noch rohen Hackfleisch, dem gekochten Reis, einem aufgeschlagenen, verquirlten Ei, dem Käse und der fein geschnittenen Petersilie vermischen. Nochmals mit den Gewürzen nachschmecken, auch etwas Zimtpuder ist typisch. Die Masse etwas ruhen lassen und danach längliche Frikadellen formen. Diese im Weizenmehl wenden, durch die übrigen zwei verquirlten Eier ziehen und im Semmelmehl wenden. Die Frikadellen im erhitzten restlichen Öl bei mäßiger Hitze von beiden Seiten hellbraun braten.

Dazu isst man in der Türkei meist Fladenbrot und einen Blattsalat.

43

Die Fastenzeit hat ihre strengen Regeln und da ist nun mal der Verzehr von Fleischspeisen strengstens untersagt. Obwohl der Herrgott bekanntlich alles sieht, glaubten angeblich der Legende nach spitzbübische, schwäbische Mönche mit List und Tücke den Allmächtigen austricksen zu können. Sie versteckten das fein zerkleinerte Fleisch einfach in kleinen Teigtaschen und nahmen an, dass das Versteck unentdeckt bleibt. Schon klar, dass diese Rechnung niemals aufgehen konnte. Die Teigtaschen gingen in Schwaben als Herrgottsbescheißerle in die Geschichte ein. Da keiner eine derartige Schummelei gern zugibt und weil sich der „Tatort" im Kloster des Ortes Maulbronn befand, nennt man die Spezialität heute gerne Maultaschen.

Obwohl es auch in anderen Gegenden ähnliche Teigtäschchen gibt (z. B. Tiroler Schlutzkrapfen oder italienische Ravioli), identifizieren sich die Schwaben besonders mit ihren Teigtaschen. Fast in jeder Familie gibt es ein streng gehütetes Rezept, das von Generation zu Generation weitergegeben wird. Die Schwäbischen Maultaschen stehen als Herkunftsbezeichnung seit 2009 sogar unter EU-Schutz.

Was macht ein Schwabe, wenn er seinen Gästen eine kleine Erfrischung anbieten möchte? Er öffnet das Fenster!

Herrgottsbescheißerle oder auch Maultaschen

Für ca. 25 bis 30 Teigtaschen

Teig:

250 g Weizenmehl

2 Eier

1 EL Olivenöl

1 TL Salz

Füllung:

150 g feine Würfel fetter Speck

80 g Zwiebelwürfel

1 kleines Bund Petersilie

150 g passierter Spinat (TK)

1 altbackenes Brötchen

80 ml Milch

je 200 g Gehacktes von Rind, Kalb und Schwein

2 Eier

Salz, Pfeffer

Muskatabrieb

Aus Mehl, aufgeschlagenen Eiern, Öl und Salz einen Nudelteig herstellen und kräftig kneten. Eventuell noch einen Spritzer Wasser zugeben. Den fertigen Teig in Klarsichtfolie hüllen und vor dem Ausrollen noch etwas ruhen lassen.

Inzwischen bei wenig Hitze in einer Pfanne die Speckwürfel auslassen und darin die feinen Zwiebelwürfel glasig schwitzen. Die feingehackte Petersilie zugeben und dann auskühlen lassen. Den blanchierten Blattspinat ausdrücken und klein hacken, aber möglichst nicht durch den Fleischwolf drehen. Das altbackene Brötchen in grobe Würfel schneiden und in der Milch einweichen. Zum dreierlei Hackfleisch den Zwiebelansatz, den gehackten Spinat, ein aufgeschlagenes und verquirltes Ei und das eingeweichte und etwas ausgedrückte Brötchen geben. Alles mit Salz, Pfeffer und etwas Muskatabrieb würzen.

Den Nudelteig dünn ausrollen. Auf ein zugeschnittenes Rechteck die Fleischmasse mit einem Spritzbeutel ohne Tülle längs auftragen. Die Ränder mit dem verquirlten zweiten Ei bestreichen und von der Längsseite den Teig aufrollen. Mit einem Kochlöffel etwa 8 cm lange Stücke markieren, an den Quetschstellen durchschneiden und mit den Fingern gut festdrücken, sodass die Teigtaschen gut verschlossen sind. Die Teigtaschen anschließend in leicht siedendem Salzwasser etwa **10 Minuten** gar ziehen lassen. Maultaschen sind eine hervorragende Suppeneinlage oder in Butter gebraten auch eine perfekte Hauptspeise.

Ímam bayıldı (türkisch für „Der Imam fiel in Ohnmacht") ist ein nicht nur in der Türkei, sondern auch in Albanien, Bulgarien und Griechenland verbreitetes Gemüsegericht aus gefüllten, geschmorten Auberginen. Der Legende nach besuchte ein Imam (Vorbeter) in einem kleinen türkischen Dorf eine Familie. Die Familie war sehr arm und konnte sich kein Fleisch leisten. Doch die Frau des Gastgebers kreierte ein vegetarisches Gericht mit allem, was sie im Garten selber pflanzte und erntete: Auberginen, Tomaten, Paprika, Zwiebeln, Petersilie, Knoblauch u. s. w. Als der Imam das Gericht probierte, fiel er voller Entzücken über den köstlichen Geschmack in Ohnmacht. Und so bekam das Gericht seinen Namen. Mit Sicherheit wird es in der Türkei niemanden geben, der dieses Gericht nicht kennt.

Der Imam fiel in Ohnmacht

4 mittelgroße Auberginen
150 g gepellte Zwiebeln
4 große Fleischtomaten, gehäutet und vom Kerngehäuse befreit
2 Spitzpaprika ohne Stiel und Kerngehäuse
3 – 4 geputzte Knoblauchzehen
1 kleines Bund glattblättrige Petersilie
200 ml natives Olivenöl
1 TL Zucker
1 Zweig Thymian
Salz, Pfeffer

Die Auberginen im Pyjama-Stil schälen, d.h. mit einem scharfen Küchenmesser der Länge nach rundum einen etwa 1 cm breiten Streifen dünn abschälen, dann wieder einen Streifen Schale stehen lassen, sodass rundherum der Eindruck eines „gestreiften Pyjamas" entsteht. Dann die Auberginen längs teilen, mit einem Esslöffel etwas Fruchtfleisch entfernen, sodass eine leichte Höhlung entsteht. Danach die Früchte etwa **30 Minuten** in kräftig gesalzenes kaltes Wasser legen. Sie nehmen dabei etwas Salzgeschmack an und das Braunwerden der Anschnitte wird verhindert.

In der Zwischenzeit die Zwiebeln in feine Würfel schneiden. Etwas größer dürfen die Würfel von der geputzten Spitzpaprika und von der gehäuteten Tomate ausfallen.

Etwa 100 ml Olivenöl vorsichtig erhitzen und darin die Zwiebelwürfel glasig braten. Nun nach Geschmack feinwürflig gehackten Knoblauch und abgezupfte Thymianblättchen zufügen, danach die Paprikawürfel. Mit Zucker, Pfeffer und Salz abschmecken.

Die Tomatenwürfel und zum Schluss die gewaschene und fein gehackte Petersilie zugeben. Noch einmal kurz durchschwenken und vom Feuer nehmen.

In einer zweiten Pfanne 50 ml Olivenöl erhitzen. Darin die gut abgetropften Auberginen von allen Seiten goldbraun braten. Auberginen aus der Pfanne nehmen und mit der Schnittfläche nach oben in eine feuerfeste Form setzen. Die Auberginenhälften mit der Gemüsemasse gleichmäßig füllen. Obenauf das restliche Olivenöl träufeln. Im vorgeheizten Backofen bei **160 °C** etwa **35 Minuten** schmoren. Danach sofort servieren oder für den Kaltverzehr auskühlen lassen.

Als Beilagen schmecken Reis oder ein marinierter Blattsalat, perfekt immer auch in Stücke geschnittenes Fladenbrot.

Türkisch für Fortgeschrittene: Als echter Gourmet geht man keinen Döner essen. Man geht dönieren!

Es ist bekannt, dass wir Menschen nur selten Zurückhaltung zeigen, wenn es gilt, unsere Nahrung mit tierischen Lebensmitteln zu ergänzen. Auch der Frosch ist nicht vor uns sicher, denn in Frankreich, in der Karibik oder auch in Asien gelten seine Schenkel als Delikatesse. Doch es geht auch anders, wie dieses eigentlich schwäbische Rezept zeigt. Die Schwaben allerdings füllten ihre Laubfrösche mit Bratwurstbrät. Aus DDR-Zeiten kenne ich eine ähnliche Spezialität, diese heißt ebenfalls Laubfrösche, dürfte aber dennoch jeden Tierschützer erfreuen. Denn dieses Gericht kommt sowohl ohne Frosch wie überhaupt ohne Fleisch aus. Laubfrösche sind eine vegetarische Köstlichkeit, die lediglich aus Gründen von Form und Farbe an die possierlichen Tiere erinnert.

„Laubfrösche" stammen ursprünglich aus Schwaben

Peinliche Nachricht in der Tagesschau vergangener Tage: Dem Sprecher wird ein Zettel auf den Tisch gelegt. „Soeben erreicht uns folgende Eilmeldung: Sie haben noch einen Rest Spinat zwischen den Schneidezähnen…"

Laubfrösche

4 altbackene Brötchen

1/4 l Milch

100 g gepellte Zwiebel

80 g Butterschmalz

1 kleines Bund Petersilie

20 Mangoldblätter (alternativ etwa die vierfache Menge großer Spinatblätter)

2 Eier

etwas Abrieb von 1 Bio-Zitrone

Salz, Pfeffer

geriebene Muskatnuss

1/4 l Gemüsebrühe

Die Brötchen in dünne Scheiben schneiden und mit der heißen Milch übergießen. Die Zwiebeln in feine Würfel schneiden und in der Hälfte vom Butterschmalz glasig dünsten. Die gewaschene Petersilie fein hacken und darüber streuen. Dann vom Feuer nehmen und abkühlen lassen. Nun die gedünsteten Zwiebeln und die aufgeschlagenen und verquirlten Eier zu der Brötchenmasse geben. Mit Pfeffer, Salz und mit Zitronenschale abschmecken. Jetzt alles zusammen zu einem sämigen Teig vermengen.

Die Mangold- oder Spinatblätter nach dem gründlichen Waschen kurz blanchieren. Das geht am besten im Dampf oder auf herkömmliche Art durch Überbrühen mit kochendem Salzwasser. Wenn die Blätter beweglich sind ohne zu brechen, auf der Arbeitsfläche ausbreiten und mit Pfeffer, Salz und etwas geriebener Muskatnuss würzen. Dann mit der Brötchenmasse füllen – ähnlich wie Krautrouladen. Pro Portion sollten fünf kleine gefüllte Wickel entstehen. Die Wickel im erhitzten, restlichen Butterschmalz rundum kurz anbraten und dann die Gemüsebrühe angießen. Zugedeckt die kleinen grünen Wickel bei geringer Hitzezufuhr etwa **15 Minuten** garen. Der Fond ist dann meist schon zur richtigen Konsistenz eingekocht oder man kann ihn auch noch mit wenig Stärkepuder leicht binden. Dazu isst man gerne Kartoffelpüree.

 Fleischesser füllen die Mangold- oder Spinatblätter mit 250 g gut gewürztem Bratwurstbrät oder Lammhack.

Dieses Gericht stammt aus China und heißt übersetzt so viel wie „Ameisen auf dem Baum" oder eben „Knisterndes Gemüse". Genau genommen ist es jedoch kein reines Gemüsegericht. Knusprig gebacke-ne Glasnudeln werden mit einer Gemüse-Fleisch-Sauce übergossen. Dabei entstehen bei gutem Gehör knisternde Geräusche und wer diese nicht hören sollte, wird mit dem köstlichen Geschmack entschädigt.

Knisterndes Gemüse

200 g Glasnudeln

300 g Rinderfilet

100 g das Weiße vom Porree

100 g geschälte Möhre

100 g grüne Paprikaschote

100 g gepellte rote Zwiebel

30 g Ingwerwurzel

4 EL Sesamöl

60 ml Reiswein oder Sherry

60 ml Sojasauce

100 ml Rinderfond

etwas Speisestärke

1 Prise Zucker

Die Glasnudeln nach Anleitung zubereiten. Meist werden sie nur mit kochendem Wasser übergossen und man lässt sie **15 Minuten** quellen. Danach über einem Sieb abgießen und auf ein leicht geöltes Backpapier auf einem Backblech portionsweise als Häufchen arrangieren. Dann im vorgeheizten Backofen bei **150 °C** etwa **15 bis 20 Minuten** backen, sodass sie außen knusprig werden.
In der Zwischenzeit das Fleisch in dünne Scheiben von etwa 3 cm x 3 cm schneiden, den Porree in dünne Ringe, die Möhren in dünne Scheibchen, die roten Zwiebeln in Streifen und die Paprika in feine Würfel schneiden. Das Sesamöl in einer Wok-Pfanne erhitzen, die Zwiebelstreifen darin glasig schwitzen und die Fleischscheiben zugeben. Jetzt das geschnittene und gewaschene Gemüse sowie die in feine Streifen geschnittene Ingwerwurzel dazugeben. Nach **2 bis 3 Minuten** den Ansatz mit der Sojasauce, dem Rinderfond und dem Reiswein ablöschen. Kurz aufkochen lassen und mit etwas angerührter Speisestärke glasig binden. Das Gemüse sollte noch „Biss" haben. Mit einer Prise Zucker abschmecken. Die getrockneten Nudelnester auf Teller setzen und mit der Gemüse-Fleisch-Sauce übergießen. Jetzt sollte es knistern!

Dippe ist ein anderer Ausdruck für Topf. Dotzen bedeutet so viel wie Umdrehen, mitunter sagt man auch zu einer Beule Dotz. Bei den verschiedenen Varianten, die in Hessen oder auch in anderen Regionen kursieren, ist es ganz klar, dass es unterschiedliche Auslegungen für das Rezept und seinen Namen gibt. Fest steht, dass der *Dippedotz* ein klassisches und sehr schmackhaftes Arme-Leute-Essen war und an Beliebtheit nichts eingebüßt hat. Vergleichen Sie dazu auch Dibbelabbes (siehe Seite 38/39).

Hessischer Dippedotz

500 g Hackfleisch halb und halb

2 EL Speiseöl

100 g feine Zwiebelwürfel

400 g Sauerkraut

60 g Tomatenmark

1/4 l kräftige Gemüsebrühe

200 g Crème fraîche

1 EL edelsüßes Paprikapulver

1 kleines Bund Petersilie

Salz Pfeffer

Das mit Pfeffer und Salz gewürzte Hackfleisch im erhitzten Öl gut anbraten und die Zwiebelwürfel zugeben. Wenn die Zwiebelwürfel glasig sind, das Sauerkraut dazugeben. Danach das Tomatenmark und edelsüßes Paprikapulver unterrühren. Nun noch Crème fraîche und die Gemüsebrühe zugeben und gut durchrühren. Das Ganze sollte bei mäßiger Hitze etwa **8 bis 10 Minuten** kochen, damit die Flüssigkeit reduziert. Den Dippedotz dann aus der Pfanne auf eine Platte stürzen und mit gehackter Petersilie bestreuen.

Dazu Brot oder Salzkartoffeln reichen. In vielen Regionen Hessens gehört ein Glas „Äppelwoi" unbedingt dazu.

Bekenntnis:
Ich liebe es, mit Wein zu kochen! Manchmal gebe ich ihn sogar ans Essen.

Wie können Eier verloren gehen? Wenn man sie, wie bei diesem alten Hausrezept unter einer ordentlichen Portion Soße versteckt.

Die perfekten Verlorenen Eier sind bekanntlich nicht gekocht, sondern pochiert, also weniger rund als eher etwas platt. Sie werden mit einer cremigen Soße überzogen, dabei können sie schon mal kurzzeitig „verlorengehen".

Als Heimat der Verlorenen Eier wird gern Schlesien angenommen. Bekannt ist aber, dass pochierte Eggs Benedict ihren Ursprung im New Yorker Lokal „Delmonico`s" haben.

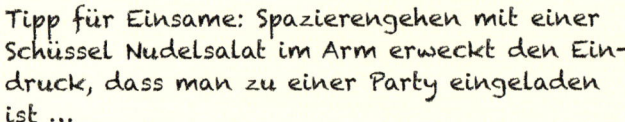

Tipp für Einsame: Spazierengehen mit einer Schüssel Nudelsalat im Arm erweckt den Eindruck, dass man zu einer Party eingeladen ist ...

Verlorene Eier in Senfsoße

8 Eier

3 EL Essig

3 EL Weizenmehl

2 EL Butterschmalz

80 g Zwiebelwürfel

3/4 l Milch

4 EL mittelscharfer Senf

Salz, weißer Pfeffer

1 Prise Zucker

nach Geschmack Kapern

Die Eier einzeln und nacheinander in eine Tasse aufschlagen. Jedes vorsichtig in heißes, aber nicht kochendes, leicht gesalzenes Essigwasser gleiten lassen. Dabei darauf achten, dass sich das Eiweiß gut um das Eigelb hüllt. Das Wasser sollte deshalb nur etwa 3 bis 4 cm hoch im Topf stehen. Nach etwa **6 bis 7 Minuten**, wenn die Eier wachsweich gegart sind, zum Abtropfen herausnehmen. Im erhitzten Butterschmalz die feinen Zwiebelwürfel glasig dünsten und das Mehl anstäuben. Es sollte keine Farbe nehmen. Nun die kalte Milch angießen. Unter ständigem Rühren zum Kochen bringen und **2 bis 3 Minuten** gut durchkochen lassen. Den Soßenansatz vom Feuer nehmen und den Senf dazugeben. Mit Salz, Pfeffer und Zucker abschmecken. Nach Geschmack kann man noch Kapern zufügen. Kapern vorher unter kaltem Wasser abspülen. Die „verlorenen" Eier auf vorgewärmten Tellern anrichten und großzügig mit der Senfsoße überziehen. Dazu Kartoffelpüree oder Salzkartoffeln reichen. Auch ein Rohkostsalat ist empfehlenswert.

Wahrscheinlich wird der Ausdruck „Mauke" bei den meisten Menschen Assoziationen auslösen, die gar nichts mit dem Thema Essen zu tun haben. Vor allem Pferdeliebhaber kennen den Ausdruck bestens. Es gibt allerdings Regionen – und dazu zählt die Oberlausitz – da versteht man unter Abernmauke (kurz Mauke) einen deftigen Kartoffelbrei. Mit Kartoffelbrei lassen sich mit etwas Phantasie auf dem Teller kleine Landschaften herstellen. Drückt man zum Beispiel mit einem Löffel eine Vertiefung in den Brei, so entsteht eine Mulde, die mit Brühe aufgefüllt zu einem kleinen Teich mutiert. In der Oberlausitzer Mundart ein „Deichl". Selbstverständlich muss es nicht nur Brühe sein und so wurde die Oberlausitzer Deichelmauke oder auch mitunter Brihmauke aus der Taufe gehoben. Der Kartoffelbrei wird dabei ursprünglich auch etwas anders zubereitet, als man ihn gewöhnlich kennt. Milch hat darin nichts zu suchen, man verwendet Brühe.

Gast zum Kellner:
„Was ist der Unterschied zwischen einem Rumpsteak Spezial und einem normalen Rumpsteak?"
„Zum Spezial gibt's ein schärferes Messer!"

Oberlausitzer Deichelmauke

700 g Rinder-Kochfleisch,
z. B. Hohe Rippe (ersatzweise
1 kg Rinder-Beinscheibe)

1 Bund Suppengrün

3 Lorbeerblätter

6 Pimentkörner

150 g gepellte Zwiebel

1,5 kg mehlig kochende
Kartoffeln

frischer oder getrockneter
Majoran nach Geschmack

500 g Sauerkraut

50 g durchwachsene
Schinkenwürfel

100 g geschälte Petersilienwurzel

100 g geschälte Möhren

1 kleines Bund Petersilie

Salz, Pfeffer

Das Rindfleisch mit reichlich Salzwasser kalt ansetzen, damit eine kräftige Brühe entsteht. Den sich bildenden Eiweißschaum von der Oberfläche immer wieder mit einer Schaumkelle entfernen. Wenn sich kein Schaum mehr bildet, 2 Lorbeerblätter, die Pimentkörner und das grob geschnittene Suppengrün dazugeben. 100 g Zwiebeln halbieren und in einer trockenen Pfanne kräftig rösten, sodass die Schnittflächen dunkelbraun werden. Danach diese Zwiebel ebenfalls zum Brühen-Ansatz geben. Das Fleisch sollte wunderbar weich sein, wenn man es herausnimmt. Die Brühe durch ein Sieb in einen anderen Topf umgießen.

Kartoffeln schälen und als Salzkartoffeln kochen. Nach dem Abgießen gründlich stampfen oder durch die Kartoffelpresse drücken. Nach Geschmack Majoran zugeben und mit etwas Rinderbrühe zu einem steifen Kartoffelbrei verarbeiten. Abschmecken.

Das Sauerkraut mit Schinkenwürfeln, der restlichen, in feine Würfel geschnittenen Zwiebel, Lorbeerblatt, Pfeffer, Salz und mit etwas Rinderbrühe (oder nach persönlichem Rezept) zubereiten.

In der übrigen Brühe die in feine Streifen geschnittene Petersilienwurzel und die Möhren garen.

Auf vier tiefen Tellern den Kartoffelbrei so anrichten, dass in der Mitte eine Mulde entsteht. In jede Mulde etwas Sauerkraut, in Würfel geschnittenes Rindfleisch und obenauf die Wurzelgemüse-Streifen mit etwas Brühe geben. Mit fein gehackter Petersilie bestreuen.

Bötel mit Lehm und Stroh

700 g gelbe, getrocknete Erbsen

4 nicht zu fette, gepökelte Eisbeine à ca. 400 g

250 g gepellte Zwiebeln

4 Gewürznelken

2 Lorbeerblätter

5 Pimentkörner

300 g geschälte Kartoffeln

1 Bund Suppengrün

1 EL getrockneter Majoran

Pfeffer, Salz

700 g Sauerkraut

50 g Butterschmalz

10 Wacholderbeeren

200 g durchwachsener Speck

mittelscharfer Senf

Am **Vortag** die Erbsen einweichen.

Am Kochtag die Eisbeine (Bötel) unter fließendem Wasser gut abspülen und in einem passenden Topf mit Wasser bedeckt zum Kochen bringen. Den sich an der Oberfläche bildenden Eiweißschaum mit einer Schaumkelle entfernen. Bildet sich kein Schaum mehr, 2 kleine mit Gewürznelken und Lorbeerblättern gespickte Zwiebeln und die Pimentkörner dazugeben. Sind die Eisbeine gar, aus dem Sud nehmen und warm stellen. Die Brühe durch ein Sieb in einen Topf abseihen.

Kartoffeln und Suppengrün in grobe Würfel schneiden. Restliche Zwiebeln fein würfeln.

Die am Vortag eingeweichten Erbsen mit den Kartoffeln, dem Suppengrün und der Hälfte Zwiebelwürfel zum Garen ansetzen. Dafür das Gemisch mit Eisbeinbrühe reichlich übergießen. Salz, Pfeffer und Majoran dazugeben. Zugedeckt auf kleiner Flamme unter mehrmaligem Umrühren ca. **60 Minuten** garen. Eventuell etwas Eisbeinbrühe nachfüllen, falls sie zu stark einkocht. Dann das Erbsen-Gemüse-Gemisch durch ein Sieb streichen. Die Konsistenz vom Erbsbrei (Lehm) sollte ähnlich wie beim Kartoffelpüree sein.

Für das Sauerkraut (Stroh) die restlichen Zwiebelwürfel im erhitzten Butterschmalz glasig dünsten. Nun das Sauerkraut und die zerdrückten Wacholderbeeren dazugeben. Dann den Sauerkrautansatz mit Eisbeinbrühe leicht bedecken und zugedeckt etwa **45 Minuten** auf kleiner Flamme schmoren. Etwa **20 Minuten** vor Garende die vorgegarten Eisbeine zufügen. Eventuell auch hier in der letzten Phase noch etwas Brühe nachgießen und mit Salz und Pfeffer abschmecken.

In Sachsen-Anhalt, vor allem in der Landeshauptstadt Magdeburg ist das eine Art Kultgericht. Bötel kommt vom indogermanischen „bhu", im Niederdeutschen wurde Böte daraus und später Bötel. Mit diesem Wort bezeichnete man ein Haus, ein Anwesen oder auch einen Hof. Diese Behausungen wurden einst unter schweren körperlichen Anstrengungen mit Hilfe von Lehm und Stroh errichtet. Die schwere Arbeit erforderte ein kräftiges, kalorienreiches Essen. Ein Eisbein erfüllt diesen Anspruch bestens. Ergänzt wird das Eisbein von Erbspüree, das den Lehm versinnbildlicht und die Sauerkrautfäden symbolisieren das Stroh. Lässt man der Phantasie weiteren Lauf, könnte man den unbedingt zugehörigen Senf in der Speisenzusammenstellung als beim Hausbau üblichen Kalk- oder Lehmputz deuten. Diese Art des Bauens wird momentan wieder entdeckt, wie auch die kulinarische Spezialität trotz ihrer Reichhaltigkeit zeitlos bleiben wird.

Nun den in sehr feine Würfel geschnittenen Frühstücksspeck in einer trockenen Pfanne auf kleiner Flamme auslassen. Das Sauerkraut auf vorgewärmten Tellern anrichten, das Erbspüree daneben etwas höher. Die Speckwürfel über Sauerkraut und Erbspüree gleichmäßig verteilen. Auf das Sauerkraut jeweils ein Eisbein setzen. Sehr schnell auftragen, denn das Gericht sollte möglichst heiß verzehrt werden. Senf entweder separat reichen oder einen Klecks an den Tellerrand geben.

Schnelle Kapitulation: Ich musste meinen Kochversuch ganz schnell abbrechen.
Das Rezept begann: Man nehme einen sauberen Topf ...

Desserts
und süße Kleinigkeiten

Kriege führten bekanntlich immer zu Not und Armut. Wenn es nach einem so schrecklichen Ereignis nichts mehr zu essen gab, wurde aus Resten noch etwas Essbares gezaubert. So entstanden zu Zeiten, als man noch in Rüstung kämpfte, die Armen Ritter. Auch in Friedenzeiten sollten wir jedoch darauf achten, dass Lebensmittel nicht achtlos weggeworfen werden. Es lässt sich oft etwas sehr Leckeres daraus zubereiten. Hier mein Rezept für Arme Ritter, die in dieser Variante gar nicht mehr so arm sind ...

Arme Ritter – gefüllt mit Pflaumenmus

150 ml Milch

1 Ei

100 g Semmelmehl

8 Scheiben altbackenes Weißbrot, etwa 1 cm dick

100 g Pflaumenmus

60 g Butterschmalz

60 g Zimt-Zucker-Gemisch

Die Milch mit dem aufgeschlagenen Ei verquirlen und etwa zentimeterhoch in eine passende Schale gießen. In eine zweite Schale das Semmelmehl geben. Die Brotscheiben nacheinander kurz in das Milch-Ei-Gemisch tunken, etwas abtropfen lassen und dann mit einer Seite in das Semmelmehl drücken. Anschließend die Brotscheiben auf der nicht panierten Seite mit Pflaumenmus bestreichen. Nun jeweils zwei so vorbereitete Brotscheiben „zusammensetzen". Die vier gefüllten Doppelscheiben in einer Pfanne mit erhitztem Butterschmalz von beiden Seiten goldbraun braten. Die knusprigen Ritter noch heiß mit Zimtzucker bestreut servieren.

 In der „Königsklasse" kann man die Ritter noch mit einer Kugel Vanille- oder Nusseis servieren.

Arme Ritter sind beliebt – auch auf Usedom in Mecklenburg-Vorpommern (Bild S. 58 oben)

In der Unruhenacht vom 31. Oktober zum 1. November wird so manche Halloween-Party gefeiert und es ist einfach „in", auch bei Speisen und Getränken manch gruselige Idee in die Praxis umzusetzen. Da schauen einen plötzlich aus einer Tomatensuppe zwei Mozzarella-Augen mit Olivenpupille an oder Nervenkitzel wird für die ganz Blutrünstigen stilecht mit der abgehackten Puddinghand – Fingernägeln aus Mandelblättchen und Himbeersauce – erzeugt. Da ist die Gespenstergrütze noch verhältnismäßig harmlos. Hier das Rezept und die zu Halloween passende Anrichteidee:

Gespenstergrütze

1/4 l Apfelsaft, 1 EL Speisestärke

60 g Zucker, 1 Pck. Vanillezucker

1 TL frisch gepresste Zitrone

300 g TK Beerenmischung (z. B. Erdbeeren, Himbeeren, Heidelbeeren und Johannisbeeren)

120 g weißer Fondant

4 Schokoküsse

Wer weiß denn schon so etwas? – Vegane Vampire ernähren sich beinahe ausschließlich von Blutorangen.

Vom Apfelsaft etwa 2 bis 3 Esslöffel abnehmen und darin die Speisestärke anrühren. Den restlichen Saft mit dem Zucker und dem Vanillezucker zum Kochen bringen und die gefrostete Beerenmischung hineingeben. Nur kurz aufkochen, damit die Beeren nicht zerkochen, mit der angerührten Speisestärke binden und mit dem Zitronensaft abschmecken. Nun die Masse abkühlen lassen und noch warm in Gläser oder Portionsschälchen füllen. Der Glasdurchmesser sollte so gewählt sein, dass im erkalteten Zustand je ein Schokokuss obenauf gesetzt werden kann. Nun die Gläser im Kühlschrank gut auskühlen lassen.

Den Fondant zu vier gleich großen Kugeln formen. Nacheinander diese Kugeln zwischen Klarsichtfolie mit dem Rollholz zu dünnen Kreisen ausrollen. Mit einer Lochtülle etwa mittig zwei Augen ausstechen. Nun die Schokoküsse auf die ausgekühlte Grütze setzen und mit dem Fondant-„Geistertuch" belegen. Fertig ist die Gespenstergrütze.

Quittenspeck ist die perfekte Möglichkeit, die köstlichen Herbstfrüchte für den langen Winter haltbar zu machen. Das Quittenbrot, wie es auch genannt wird, schmeckt hervorragend zu luftgetrocknetem Schinken oder sogar zu kräftigen Käsespezialitäten, als Beigabe zu Desserts sowieso. Gut getrocknet kann man es in Keksdosen wochenlang lagern. Wenn man das Blech nach dem Trocknen aus dem Ofen holt, erklärt sich der Name. Es glänzt wie eine Speckschwarte.

Und übrigens: Der frühe Vogel braucht viel Kaffee!

Quittenspeck

Pro Kilogramm Quitten-Fruchtfleisch 500 g Gelierzucker 1:2

Die gewaschenen Quitten mit einem stabilen Messer vierteln, von Kerngehäuse, Stiel- und Blütenansatz befreien und in grobe Stücke schneiden. Die Quittenstücke in einen Topf geben und mit Wasser bedeckt bei mäßiger Hitze etwa **45 Minuten** garen. Danach die Masse in ein Sieb geben und den Saft auffangen. Den Quittensaft in einem Topf mit dem Zucker zu Gelee kochen.

Das gegarte Quittenfleisch im Mixer pürieren und zum Geleeansatz in den Topf geben. Unter kräftigem Rühren einen festen Brei zubereiten. Den Quittenbrei auf ein mit angefeuchtetem Backpapier belegtes Backblech zentimeterdick aufstreichen. Das Blech in den Backofen schieben und den Brei bei **70 °C** etwa **4 bis 5 Stunden** trocknen.

Abgekühlt in Scheiben oder breite Streifen schneiden. Ist das Quittenbrot noch etwas feucht, kann man die Streifen noch in Zucker wenden und bei Raumtemperatur nachtrocknen.

Wenn man eine Spur gemahlenen Zimt unter den Fruchtbrei mischt, wird das Quittenbrot noch aromatischer.

Die Versoffenen Jungfern werden auch beschwipste oder trunkene Jungfern genannt. Das aus dem südlichen Deutschland bis ins Österreichische überlieferte Rezept für dieses feine Schmalzgebäck stammt aus einer Zeit, als es noch Jungfrauen in fortgeschrittenem Alter gab. Heute sind diese eher selten anzutreffen, dennoch ist uns das Rezept erhalten geblieben und noch immer beliebt. Schon der Name erweckt viel Freude und noch viel wichtiger: Die Versoffenen Jungfern schmecken auch ganz wunderbar. Bringt man sie mit einer Glühweinsauce zu Tisch, dann ist es ein köstliches Winterdessert, das einen tristen Wintertag gleich viel fröhlicher macht.

Versoffene Jungfern

250 g Mehl
200 g Zucker
250 g Quark
2 Eier
Mark von 1 Vanilleschote
Salz
Butterschmalz oder Pflanzenfett zum Ausbacken ca. 1 kg
1/4 l Glühwein
20 g Zucker
etwas frisch gepresster Zitronensaft
10 g Speisestärke

Mehl, Zucker, Quark, aufgeschlagene Eier, das ausgekratzte Mark der aufgeschlitzten Vanilleschote und eine Prise Salz zu einem glatten Teig verarbeiten. Von dem Teig mit einem Löffel Nocken abstechen und im erhitzten Butterschmalz hellbraun ausbacken. Dabei die Nocken immer mal im Fett wenden, damit sie gleichmäßig ausbacken. Die Nocken mit einer Schaumkelle herausnehmen und auf Küchenkrepp abtropfen lassen.

Etwas Glühwein abnehmen und darin die Speisestärke anrühren. Den restlichen Glühwein mit dem Zucker erhitzen, nach Geschmack etwas Zitronensaft zugeben und die Glühweinsauce mit der Stärke leicht binden. Die Glühweinsauce auf vier tiefe Teller verteilen und die Nocken hineinlegen. Sie sollten vor dem Auftragen **ein paar Minuten** in der Sauce liegen, damit sie diese aufnehmen.

Die Farbe dieses Desserts soll an die Schamröte junger Mädchen erinnern. Das Errötende Mädchen oder auch Mädchenröte ist ein erfrischendes, schnell und unkompliziert herzustellendes Dessert.

Zugleich ist es eine der schmackhaftesten Möglichkeiten Buttermilch zu Desserts zu verarbeiten. Man kann es auch hübsch mit frischen Früchten garnieren – garantiert ein „Hingucker" auf jeder Tafel.

Errötendes Mädchen

| 5 Blätter rote Gelatine |
| 100 ml roter Johannisbeersaft |
| 70 g Zucker |
| 1 Pck. Vanillezucker |
| 600 ml Buttermilch |
| 1 Bio-Zitrone |

Die Gelatine in kaltem Wasser einweichen. Den Johannisbeersaft mit dem Zucker und dem Vanillezucker zum Kochen bringen und die eingeweichte Gelatine darin auflösen. Nun wieder auf Zimmertemperatur abkühlen lassen. Die Zitrone abwaschen, gut abtrocknen und die Schale auf einer feinen Reibe so abreiben, dass nur das Gelbe entfernt wird. Den Abrieb unter die Buttermilch rühren wie auch anschließend das Saft-Gelatine-Gemisch. Nun die Masse in Förmchen füllen und **2 bis 3 Stunden** in den Kühlschrank stellen.

Zum Verzehr die Förmchen herausnehmen und auf passende Teller stürzen und mit frischen Früchten oder Sahnetupfen garniert servieren.

Erkenntnis: Jetzt habe ich endlich herausgefunden, weshalb ich gerne Süßes esse, wenn ich gestresst bin. Das englische Wort „Stressed" heißt rückwärtsgelesen „Desserts" ...

Sandstürme entstehen dort, wo sich große Hitze mit Sand vereint und Wind ins Spiel gerät. Die entstehende Naturgewalt muss wohl schon Generationen auch in der Küche inspiriert haben. Ein uraltes Rezept stammt aus der Zeit, als man mit wenigen Zutaten auskommen musste und dennoch sehr Schmackhaftes zu Tisch bringen wollte. In einem Kochbuch des Jahres 1908 war bereits zu lesen, dass man in einer heißen Eisenpfanne Zucker karamellisierte und darin Haferflocken zum „Wirbeln" brachte. In Kombination mit frischem Obst, Kompott oder auch gehackten Nüssen konnte man sich schon damals für diesen Sturm begeistern.

Sandsturm

| 80 g Butterschmalz |
| 200 g Zucker |
| 300 g Haferflocken |

40 g Butterschmalz in einer möglichst unbeschichteten Pfanne erhitzen und darin den Zucker unter Rühren hellbraun karamellisieren. Jetzt die Hitze etwas zurücknehmen und die Haferflocken zugeben und kräftig rühren. Nun das restliche Fett zugeben, sodass sich hellbraune Klümpchen bilden, die den Sand symbolisieren. Noch lauwarm serviert man dazu Apfelmus oder ein anderes Kompott. Bei Kindern sind auch Joghurt oder Milch als Beigabe sehr beliebt.

Kinder sind gute Beobachter:
Wenn Mutti über die Witze vom Papa lacht, kann das nur Eines bedeuten: Wir haben Gäste!

Köstliche Kuchen und Kekse

Dieses Gebäck zählt zu meinen Kindheitserinnerungen. Wenn mal schnell etwas Süßes auf den Tisch gezaubert werden sollte, holte meine Großmutter das Rezept von den Polsterzipfeln aus der Schublade. Wie sie als Thüringerin zu einem Rezept dieser eigentlich österreichischen Spezialität kam, kann ich heute leider nicht mehr nachfragen. Ursprünglich wurden die Polsterzipfel (Foto S. 65 unten) in Schmalz gebacken, weniger kalorienreich geht es auf einem mit Backpapier ausgelegten Blech im Ofen. In jedem Fall erinnern sie von der Form an die abgeschnittenen Zipfel von Kissen. Durch die Füllung sind sie aufgebläht. Sie schmecken ganz frisch gebacken auch ohne Füllung schon sehr köstlich. Spitzwinklig dreieckig geformt, flach und ungefüllt erinnern sie an Hasenohren und sind auch als Hasenöhrl in der Steiermark (S. 65 oben) oder Bayern ein beliebtes Faschings- oder Ostergebäck.

Gefüllte Polsterzipfel – ein schnelles Gebäck

Für 8 gefüllte Zipfel

Für den Teig:

125 g Mehl

1/2 TL Backpulver

1 Pck. Vanillezucker

125 g Butter

1 Ei, 2 EL saure Sahne

1 Prise Salz

Außerdem:

80 g Pflaumen- oder Apfelmus

Puderzucker

Aus den Zutaten einen Mürbeteig kneten und diesen in Frischhaltefolie eingepackt etwa **30 Minuten** ruhen lassen. Danach den Teig mit dem Rollholz etwa 3 mm dick gleichmäßig ausrollen. Nun vom Teig etwa 4 cm x 4 cm große Quadrate schneiden, in die Mitte jeweils 1/2 TL Mus setzen. Die Teigränder mit etwas Wasser bepinseln, eine gegenüberliegende Spitze diagonal herüber klappen und an den Rändern festdrücken, sodass Dreiecke entstehen. Diese legt man auf ein mit Backpapier belegtes Backblech und backt sie bei **180 °C** im vorgeheizten Ofen etwa **20 Minuten**, bis sie hellbraun sind. Herausnehmen und vor dem Verzehr noch mit Puderzucker besieben.

Möchte man die Polsterzipfel auf herkömmliche Weise backen, benötigt man erhitztes Schweineschmalz oder Pflanzenfett, in dem die Zipfel schwimmend ausgebacken werden.

Wer macht sich nicht irgendwann einmal Gedanken, wie es nach dem irdischen Leben weitergehen wird? Und so wie wir Menschen sind, soll es möglichst noch einen „Zacken besser" werden. Getreu einem Schlager aus längst vergessenen Zeiten „Alle Leute wollen in den Himmel, aber sterben woll'n sie nicht" soll eine Kostprobe möglichst schon auf Erden ein himmlisches Gefühl vermitteln. Mit dem folgenden Schokoladenkuchen schweben Sie geschmacklich immerhin schon auf Wolke Sieben ...

Abkürzung zum Himmel

Für 1 Backblech (40 cm x 25 cm)

200 g Butter

400 g Blockschokolade

2 EL Orangenlikör (z. B. Grand Marnier)

2 EL Apricot Brandy

Mark von 1 Vanilleschote

Abrieb von 2 Bio-Orangen

8 Eier, 180 g Zucker

1 Prise Salz

100 g gemahlene Haselnüsse

Die Butter mit der Schokolade über dem Wasserbad schmelzen und dabei gut umrühren. Die Spirituosen, die ausgeschabte Vanille und den Orangenabrieb zugeben und vom Wasserbad nehmen, auf Zimmertemperatur abkühlen. Separat die Eier mit dem Zucker unter Zugabe der Prise Salz mit dem Rührgerät cremig rühren, bis sich der Zucker restlos aufgelöst hat. Nun die Schokoladenmasse und die geriebenen Nüsse unterheben und die Masse auf ein mit Backpapier ausgelegtes Backblech streichen. Im vorgeheizten Ofen den Schokokuchen bei **140 °C** etwa **50 Minuten** backen. Nach dem Abkühlen den Kuchen in kleine Vierecke (ca. 4 cm x 4 cm) schneiden, denn das ist pures „Hüftgold", aber himmlisch gut.

Wer mag überzieht die kleinen Kuchenstücke noch mit Schokoguss oder Kuvertüre (siehe S. 70).

Kalter Hund *stand wohl in Kindertagen bei vielen von uns auf dem Tisch. Doch seien Sie mal ehrlich, wann haben Sie das letzte Mal* Kalten Hund *gegessen? Wahrscheinlich ist es schon Jahre her und jetzt beim Lesen haben Sie wieder diesen köstlichen Geschmack von knusprigen Keksen und Schokolade im Mund.*

Auch wenn die meisten ihn aus anderen Rezeptsammlungen kennen – dieser Kuchen darf in einem Buch über Rezepte mit ungewöhnlichen Namen nicht fehlen. Kalter Hund *(auch* Lukullus, Kalte Schnauze, Kellerkuchen, Wandsbeker Speck, Zebrakuchen, Junggesellenkuchen *oder* Schwarzer Peter*) ist eine Spezialität aus in Schokolade eingebetteten Keksen. Aus zerbröselten Keksen hergestellt und dann gerollt, heißt er* Süße Wurst *oder* Süße Blutwurst.

Angeblich wurde das Rezept ursprünglich von der Firma Bahlsen in den 1920er Jahren entwickelt, um einen Kuchen mit den hauseigenen Butterkeksen vorweisen zu können. Allerdings nannte Bahlsen diese Leckerei schlicht Scho-koladenkuchen aus Leibniz-Keks. Beworben als Kuchen „ohne Backen" feierte der Kalte Hund *schnell seinen Siegeszug in deutschen Haushalten.*

So einfach und doch so lecker wird der Kuchen auch mit der Wirtschaftswunderzeit in Verbindung gebracht. Aber woher stammt sein Name überhaupt? Einerseits leitet er sich von den Grubenhunten im Bergbau ab. Das sind die länglichen Förderwagen, mit denen z. B. im Bergbau das Abbaumaterial an die Oberfläche gefahren wird. Da die geschmolzene Schokolade meist im Kühlschrank oder an einem anderen kühlen Ort wie dem Keller abkühlt, erklärt sich „Kalt" im Namen von allein. Vom Abkühlen im Keller kommt die Bezeichnung Kellerkuchen.

Auch wenn Zutaten und Zubereitung sehr einfach sind, gibt es zahlreiche Varianten. So sind z. B. die richtige Wahl der Schokolade und das Mischverhältnis entscheidend. Wahlweise kann Ei oder Milch verwendet werden. Auch der Dekorationslust sind keine Grenzen gesetzt: Linien mit weißer Schokolade auf der Oberfläche, Smarties oder andere bunte Toppings – alles ist möglich.

Kalter Hund – der beliebte Keks-Kuchen

Für eine Kastenform von ca. 25 cm Länge

450 g Vollmilchschokolade-Kuvertüre

150 g Zartbitterschokolade-Kuvertüre

150 g Kokosfett

200 ml Schlagsahne

1 geh. EL Vanillezucker

250 g Butterkekse

Mit einem stabilen Messer beide Kuvertüren in grobe Stücke zerteilen, ebenso das Kokosfett. Alles zusammen in eine Schüssel oder in einen Schlagkessel (am besten aus Metall) geben und auf einen passenden Topf mit etwas kochendem Wasser setzen. Schlagsahne zugeben und alles auf niedriger Hitze unter ständigem Rühren auf dem Wasserbad schmelzen lassen. Zum Schluss Vanillezucker einstreuen und so lange rühren, bis er sich aufgelöst hat.

Eine geeignete Kastenform mit Klarsichtfolie auslegen, sodass diese noch an beiden Seiten etwa 10 cm über den Rand reicht. Die Schokoladenmasse ca. 5 mm hoch einfüllen und mit Butterkeksen belegen, dann abwechselnd Schokoladenmasse und Butterkekse einschichten. Wenn alles verbraucht ist, den Kalten Hund mit der überhängenden Klarsichtfolie verschließen und mindestens **6 bis 8 Stunden**, noch besser **einen ganzen Tag**, in den Kühlschrank stellen.

Aus der Form stürzen, Klarsichtfolie entfernen, mit einem scharfen Messer in fingerdicke Scheiben schneiden.

Hohe Schule: Ein Kompromiss, das ist die Kunst, einen Kuchen so zu teilen, dass jeder meint, er habe das größte Stück bekommen.

Essen ausschließlich Erwachsene den Kalten Hund, kann man in die Schokoladenmasse etwas Rum geben.

Kaum zu glauben, doch es gab eine Zeit ohne Fernseher, Computer oder Smartphone, eine Zeit, in der noch Märchen zur Unterhaltung mit einem gewissen erzieherischen Aspekt erzählt wurden. Der Eine oder Andere erinnert sich bestimmt noch daran. Wer heute mal hineinliest, wird feststellen, dass manche Märchen im Gruselfaktor sogar den modernen Schauergeschichten Paroli bieten können. Aus beinahe vergessenen Zeiten stammt auch der märchenhafte Schneewittchenkuchen. Weiß wie Schnee ist seine Creme, rot wie Blut sind die Kirschen und schwarz wie Ebenholz ist seine köstliche Schokoglasur.

Während man in Deutschland-West zu diesem Kuchen überwiegend Donauwelle sagte, war wohl im Arbeiter- und Bauernstaat „Schneewittchen" unverfänglicher. Schließlich sollten keine geografischen Sehnsüchte geweckt werden.

Strafe muss sein: „Liebling, warum liegt die Personenwaage im Müll?" „Die war böse!"

Festgestellt: Kuchen macht wirklich nicht dick, er zieht nur die Falten glatt!

Schneewittchenkuchen

Für 1 Backblech
(40 cm x 25 cm)

Für den Teig:

250 g Butter, 250 g Zucker

150 g Mehl, 1 TL Backpulver

6 Eier

4 EL Kakaopulver

evtl. 2-3 EL Milch

500 g Sauerkirschen ohne Stein
(TK oder aus dem Glas)

Für die Creme:

500 ml Sahne, 500 g Schmand

1 1/2 Pck. Vanillepuddingpulver
ohne Kochen

4 EL Zucker

Für den Schokoguss:

175 g dunkle Kuvertüre

50 g Kokosfett, 1 EL Öl

Aus den angegebenen Zutaten – ohne Kakao und Kirschen – einen Rührteig herstellen. Den Teig teilen und unter die eine Hälfte den Kakao mischen. Sollte der Kakaoteig zu fest sein, noch mit Milch vermischen. Hellen Teig auf ein mit Backpapier ausgelegtes Blech streichen, Kakaoteig darüber verteilen. Kirschen evtl. auftauen oder abtropfen lassen und auf dem Teig verteilen. Dann im vorgeheizten Ofen bei **160 °C** etwa **45 Minuten** backen. Kuchen abkühlen lassen.

Für die Creme flüssige Sahne mit den übrigen Zutaten verrühren. Masse auf dem kalten Kuchen verstreichen.

Zuletzt den Guss zubereiten. Dafür die Schokolade im Wasserbad schmelzen, das zerlassene Kokosfett und das Öl unterrühren. Die Cremeschicht vorsichtig mit der Schokolade überziehen.

Fachgespräch: „Worauf stehst Du so?" „Kekse". „Nein, ich meine im Bett". „Ach so! Dann eben Quarkkuchen, der krümelt nicht so ..."

Wenn man Blätterteig auf reichlich Streuzucker symmetrisch mit zwei weiteren Touren zur Mitte zusammenklappt und noch einmal faltet, dann von der Schmalseite in Scheiben schneidet, entstehen beim Backen Gebäckstücke in Herzform. Der Teig entwickelt sich nicht in die Höhe, sondern in die Breite.

Das stellten wohl erstmals Pariser Konditoren fest und nannten das so entstandene Gebäckstück „Herz Frankreichs". In anderen Ländern wird das Gebäck „Brille" oder auch „Elefantenohr" genannt. In unseren Breiten erinnerte man sich wohl mehr an das Ohr des Schweines. Doch ob sie nun Schweinsoh-

ren oder wie im folgenden Rezept Schweinsöhrchen mit Marzipan heißen, sie sind bei Groß und Klein sehr beliebt.

Um uns die vielen Touren bei der Teigherstellung zu ersparen, verwenden wir hier fertigen Blätterteig.

Der schlaue Botaniker:
Solange Kakaobohnen an Bäumen wachsen, ist für mich Schokolade Obst!

Paris ist der Geburtsort dieses Naschwerks

Schweinsöhrchen mit Marzipan

Für ca. 30 Stück

80 g Zucker

1 Rolle frischer Blätterteig aus dem Kühlregal (ca. 300 g)

200 g Marzipan-Rohmasse

20 g Speisestärke

100 g Zartbitter-Kuvertüre

Den Streuzucker auf der Arbeitsplatte gleichmäßig verteilen und den ausgepackten Blätterteig darauflegen. Mit dem Rollholz den Teig vorsichtig in den Zucker drücken und den Teig wenden, sodass der Zucker nach oben kommt. Nun die Marzipan-Rohmasse mit etwas Speisestärke sehr dünn auf Teiggröße ausrollen und auf den Teig legen. Eventuell Marzipanstücke zusammenpassen. Jetzt von beiden Längsseiten den belegten Teig zur Mitte aufrollen, sodass sie sich in der Mitte treffen. Die entstandene Rolle in Klarsichtfolie einhüllen und etwa **30 Minuten** in das Tiefkühlfach legen. So lässt sich der Teig später besser schneiden.

Ein Backblech mit Backpapier belegen. Nun den Teig aus der Folie nehmen und in zentimeterdicke Scheiben schneiden und diese auf das Backpapier legen. Die „Teigohren" im vorgeheizten Backofen bei **200 °C** in **10 bis 12 Minuten** goldbraun backen. Nach dem Auskühlen die Schweinsöhrchen mit einer Hälfte in geschmolzene Kuvertüre tauchen und auf einem Ablaufgitter ablegen, damit überschüssige Schokolade abtropfen kann.

Wer das Franzbrötchen erfunden hat, ist bis heute nicht geklärt. Nur eins ist sicher – sie gehören zur Hansestadt Hamburg wie der Michel und sie stehen bei den Hamburgern in der Beliebtheitsskala ganz weit oben. Eine Legende erzählt, dass sie um 1825 in der „Franz'schen Bäckerei" in Altona das erste Mal gebacken worden seien. Da sie ein wenig an französische Croissants erinnern, könnte man auch annehmen, dass sie eine Reminiszenz an die französische Küche sind. Denn Hamburg wurde zwischen 1806 bis 1814 von Napoleons Truppen belagert. Wenn die Teigrolle aufgerollt ist, erinnert das Ganze auch etwas an ein Baguette, ein sogenanntes Franzbrot. Heute gibt es auch Varianten mit Streuseln, Schokolade, Nüssen oder mit Rosinen. Wie auch immer, in Hamburg gehören Franzbrötchen zum Pflichtprogramm des Bäckerhandwerks.

Franzbrötchen mit Apfelfüllung

Für den Teig:

400 g Weizenmehl (Type 550)

1 Würfel frische Hefe

200 ml Vollmilch, 60 g Butter

2 Pck. Vanillezucker

1 Ei, 1 Prise Salz

Für die Füllung:

500 g Äpfel

160 g brauner Rohrzucker

4 TL gemahlener Zimt

60 g geschmolzene Butter

Mehl in eine Schüssel sieben und in die Mitte eine Mulde drücken. Hefe mit Vanillezucker in etwas warme Milch bröckeln. Hefemilch in die Mulde geben und einen Hefe-Vorteig ansetzen. Die Schüssel mit einem sauberen Küchentuch abdecken und den Vorteig an einem warmen Ort **15 Minuten** gehen lassen. Danach die restliche Milch, die zerlassene Butter, das aufgeschlagene und verrührte Ei und das Salz dazugeben. Alles mit dem Knethaken des Handrührgerätes zu einem glatten Teig verarbeiten. Den Teig erneut zugedeckt an einem warmen Ort gehen lassen, bis er sein Volumen verdoppelt hat, ca. **30 bis 45 Minuten**.

Für die Füllung die geschälten und vom Kerngehäuse befreiten Äpfel in feine Würfel schneiden, mit Rohrzucker und Zimt vermischen.

Den Teig gut kneten und auf ca. 40 cm x 60 cm ausrollen. Nun mit der geschmolzenen Butter bestreichen und mit etwa 3/4 von der

*Blick von den Landungsbrücken
zum Michel*

Apfelmasse gleichmäßig belegen. Dann den Teig von der langen Seite zusammenrollen und die Rolle in etwa 8 cm breite Stücke schneiden. Mit einem Holzlöffelstiel von oben auf die schmale Kante drücken. So entsteht die typische Franzbrötchenform.
Ein Backblech mit Backpapier belegen und die Teig-Rohlinge darauflegen und nochmals **15 Minuten** ruhen lassen, bevor sie mit der restlichen Apfel-Zucker-Zimt-Mischung belegt werden. Im vorgeheizten Backofen bei **160 °C** etwa **20 Minuten** goldbraun backen.

Alte Zeiten: Früher
war alles leichter.
Zm Beispiel auch ich!

Meister zum Bäcker-Azubi: „Hol mal die Flügel-
schraube fürs Windbeutelgebläse!"

1912 feierte Russland das 100-jährige Jubiläum seines Sieges im Krieg gegen Napoleon Bonaparte. Für die großen Feierlichkeiten kreierten russische Köche und Konditormeister einige neue Gerichte. Darunter auch ein dreieckiges Törtchen in Form des berühmten Napoleon-Huts. Die weiße Creme soll auf den russischen Winter hinweisen, der zum Sieg beigetragen hat. Die leckere Cremeschnitte war erfolgreicher als ihr Namensgeber und eroberte schnell die russischen Küchen und Gaumen. Im Laufe der Zeit wurde aus einem kleinen Dreieck ein großes Gebäck, das heute als Napoleon-Torte bekannt ist.

Alibi: Der Kuchen wurde mir vom Arzt verschrieben. Von welchem? Dr. Oetker!

Die Napoleon-Torte

Für den Teig:

300 g Butter

3 1/2 Tassen Mehl

1 Ei, 1 Msp. Salz

1/2 Pck. Backpulver

1 TL Essigessenz

Für die Creme:

3 Eier

1 1/2 Tassen Zucker

2 EL Speisestärke

250 ml Sahne

500 ml Milch

300 g Butter

Die Butter für den Teig in Würfel schneiden und mit Mehl verkneten. Ei und Salz hinzufügen. Anschließend 1 Esslöffel Wasser mit Essig und Backpulver vermischen und in den Teig geben. Die Masse kneten, bis ein weicher Teig entsteht.

Für die Teiglinge den Teig in 12 Stücke teilen und für **1 bis 2 Stunden** in den Gefrierschrank legen. Anschließend die Teiglinge jeweils 3 bis 4 mm dick ausrollen und gleichgroße Kreise ausschneiden. Bei **190 °C** die Böden goldbraun backen. In der Regel dauert das nur **wenige Minuten**.

Für die Creme zunächst Eier mit Zucker schlagen. Speisestärke und Sahne zufügen. Milch zum Kochen bringen und die Flamme runterdrehen, um die Ei-Sahne-Mischung langsam einzurühren. Unter ständigem Rühren die Creme zum Kochen bringen. Stückchenweise Butter unterrühren.

Die noch warmen Böden nacheinander mit Creme bestreichen und übereinander schichten, dabei etwas andrücken. Für die Oberfläche den letzten Boden zerbröseln und die Torte damit bestreuen. Die Torte über Nacht in den Kühlschrank stellen.

Noch originaler wird die Torte mit hauchdünn geschnittenen Böden. So zieht auch die Creme noch besser durch.

Die Heilige Hildegard von Bingen (1098–1136) ist bekannt für ihr Gesundheits-Engagement in Küche und Backstube. Ihre Nervenkekse sind auch nach 900 Jahren noch aktuell. Das nicht unbedingt für Naschkatzen bestimmte Gebäck soll(te) therapeutische Zwecke erfüllen, geschwächte Nerven stärken und Sonne in den Alltag bringen. Die enthaltenen Gewürze wirken antibakteriell, fördern die Darmtätigkeit und regen den Appetit an. Hildegard von Bingen empfahl 4 bis 5 Kekse pro Tag. Kinder sollten nur die Hälfte essen, aber der Geschmack ist eh weniger Kind gerecht.

Hier der mittelalterliche Werbetext für die Kekse: „Iss diese oft und alle Bitternis deines Herzens und deine Gedanken weiten sich, dein Denken wird froh, deine Sinne rein, alle schadhaften Säfte in dir minderer, es gibt guten Saft deinem Blut und macht dich stark." Wenn das nicht neugierig macht!

Nervenkekse – nach der Heiligen Hildegard von Bingen

Für ca. 80 Kekse

500 g Dinkelmehl
250 g weiche Butter
100 g gemahlene Mandeln
150 g flüssiger Honig
10 g gemahlener Zimt
5 g geriebene Muskatnuss
7 g Nelkenpulver
2 Eier
1 Prise Salz
1/2 TL Backpulver

450 g Mehl und alle weiteren Zutaten mit dem Knethaken zu einem festen Teig kneten und diesen etwa **1 Stunde** im Kühlschrank ruhen lassen. Danach den Arbeitsplatz mit dem restlichen Mehl bestäuben und den Teig mit dem Rollholz etwa 1/2 cm dick ausrollen. Mit einem runden Ausstecher (etwa 4 cm Ø) Plätzchen ausstechen. Diese auf Backpapier auf ein Backblech legen und bei **180 °C** im vorgeheizten Ofen **20 Minuten** hellbraun backen. Die ausgekühlten Plätzchen in einer verschließbaren Blechdose oder in einem Tongefäß aufbewahren.

Vielleicht weiß man's ja noch nicht: Tage, an denen man plant Bananen zu essen, nennt man „Bananenplantage".

Drachenfutter – knusprige Haferflockenplätzchen

Für reichlich 500 g Plätzchen

- 500 g kernige Haferflocken
- 200 g flüssige Butter
- 100 g geschälte Sonnenblumenkerne
- 100 g Zucker
- 2 Eier
- 1 Pck. Vanillezucker
- 1/2 TL gemahlener Zimt

Zuerst die Haferflocken mit der flüssigen Butter gut vermischen. Dann alle anderen Zutaten zugeben und einen Teig daraus bereiten. Mit zwei Teelöffeln kleine Häufchen auf ein mit Backpapier belegtes Backblech setzen und bei **200 °C** im vorgeheizten Ofen in ca. **10 bis 12 Minuten** goldbraun backen.

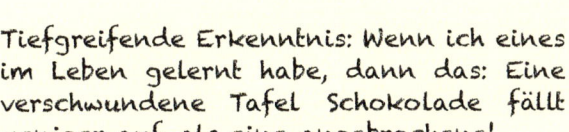

Tiefgreifende Erkenntnis: Wenn ich eines im Leben gelernt habe, dann das: Eine verschwundene Tafel Schokolade fällt weniger auf, als eine angebrochene!

Man kann nur staunen, wem die kleinen Vögel schon so ihren Namen geliehen haben. Ob Kleinkraftrad oder Miniauto, Kinderfest oder -Sendung – Spatz ist eine beliebte Bezeichnung. 1935 schuf Kay Bojesen seine sieben Spatzen, mit denen er Kindern die Wochentage auf ganz neue Weise erklären konnte. Kindergärten bringen sich namentlich gern mit Spatzen in Verbindung. Aus dem Regensburger Dom stammen die trällernden Domspatzen und dann gibt's noch die in der Volksmusikszene bekannten Kastelruther Spatzen … Da wundert es wenig, wenn die Spatzen auch in die Küche Einzug gehalten haben. Die berühmtesten sind wohl die liebevoll Spätzle genannten, schwäbisch-alemannischen Teigwaren, die längst die süddeutschen Grenzen überschritten haben. Zu Zeiten, als noch nicht an Kochen auf einem Induktionsfeld zu denken war, brauchte man schon ein loderndes Feuer, um die köstlichen Feuerspatzen herzustellen, ein preiswertes, unkompliziertes und gut sättigendes Schmalzgebäck. Es wurde und wird, vor allem in der Region um Franken, gern zur Faschingszeit verspeist.

Späte Erkenntnis: Meine Mutter hat immer gesagt: „Du darfst zwar alles essen, aber nicht alles wissen." Nun sitze ich hier - dick und dumm. Danke Mama!

Großmutters Feuerspatzen

Für 40 bis 50 Feuerspatzen

500 g Mehl

1/2 Würfel Hefe

50 g Zucker

250 ml Milch

2 Eier

1 EL Rum

1 TL Salz

50 g Butter

1 kg Butterschmalz oder Pflanzenfett zum Ausbacken

Puderzucker

Mehl in eine Schüssel sieben, in die Mitte eine Mulde für das Hefestück eindrücken. Hefe zerbröckeln und mit 1 TL Zucker und etwas lauwarmer Milch verrühren, vorsichtig in die Mulde gießen und mit einem Teil des Mehls zu einem dicken Brei verrühren. Diesen Vorteig mit einem sauberen Küchentuch abdecken und an einem warmen Ort **15 Minuten** gehen lassen, bis das Hefestück aufgegangen ist. Danach die restliche Milch, Eier, Rum, den übrigen Zucker, Salz und die geschmolzene, aber nicht heiße Butter dazugeben. Den Teig mit dem Knethaken kneten, bis er sich von der Schüssel löst und etwas Blasen wirft. Anschließend den Teig noch einmal zugedeckt gehen lassen, bis sich sein Volumen verdoppelt hat. Das kann bis zu **2 Stunden** dauern.

Butterschmalz oder Pflanzenfett auf etwa **180 °C** in einem großen Topf (oder Fritteuse) erhitzen. Mit einem Esslöffel längliche Nocken vom Teig abstechen und im heißen Fett goldbraun backen. Die „Spatzen" immer wieder drehen, bis sie rundum gleichmäßig braun sind. Dann mit einer Schaumkelle aus dem heißen Fett nehmen und zum Abtropfen auf Küchenkrepp legen. Mit Puderzucker bestäuben und noch lauwarm essen.

 *Übrig gebliebene „Spatzen" kann man einfrieren und später im Backofen wieder zu „neuem Leben" erwecken.*

LPG – die drei Buchstaben standen in der ehemaligen DDR für Landwirtschaftliche Produktionsgenossenschaft. Heute ist die einstige Zwangskollektivierung der Bauern Geschichte, geblieben ist der gleichnamige Kuchen, denn er verdient es, nicht vergessen zu werden. Mangel macht bekanntlich erfinderisch und so wurde etwa um die Mitte der 1960er Jahre ein Kuchenrezept aus der Taufe gehoben, das den altbekannten Spruch „Was der Bauer nicht kennt …" schlagartig außer Kraft setzte.

Der LPG-Kuchen wurde zur Bauernlegende und schmeckt noch heute und nicht nur Landwirten. Aus einfachen, immer verfügbaren Zutaten entsteht ein leckerer Schichtenkuchen, der jeden Bauern die schwere, bisweilen auch unangenehme Arbeit zumindest zur Kaffeezeit mal vergessen lässt. Deshalb hier mein Tipp für alle Bewerberinnen des TV-Hilferufes „Bauer sucht Frau": Willst Du einen Bauern knacken, musst Du diesen Kuchen backen!

LPG-Kuchen

Für den Boden:

4 Eier

120 g Zucker

1 Pck. Vanillezucker

100 g Weizenmehl

40 g Speisestärke

1/2 Pck. Backpulver

Eier, Zucker und Vanillezucker etwa **10 Minuten** schaumig rühren. Mehl, Speisestärke und Backpulver in die Eimasse sieben und unterheben. Ein Backblech mit Backpapier auslegen und den Teig mit dem Teigschaber gleichmäßig darauf verteilen. Den Ofen auf **175 °C** vorheizen und den Boden etwa **20 Minuten** backen. Nach dem Backen den Kuchen stürzen, das Backpapier abziehen und den Boden wieder auf das Blech legen.

Für die Buttercreme aus Puddingpulver mit Milch und Zucker nach Anleitung einen Pudding kochen. Den Pudding gleich nach dem Kochen mit Frischhaltefolie abdecken, damit sich auf der Oberfläche keine Hautschicht bildet. Den Pudding abkühlen lassen, bis Pudding und Butter annähernd die gleiche Temperatur haben, was sehr wichtig ist. Die Butter schaumig rühren und den Pudding dann löffelweise unterrühren. Die Buttercreme auf dem kalten Boden gleichmäßig verstreichen.

Für die Buttercreme:

1 Pck. Puddingpulver
Vanillegeschmack

500 ml Milch

4 EL Zucker

300 g weiche Butter

Für den Keks-Belag:

300 g Butterkekse

100 ml Weinbrand

Für den Schokoguss:

200 g Kokosfett (z. B. Palmin)

120 g Puderzucker

50 g Kakao, 2 Eier

1 Röhrchen bunte Streusel

Die Buttercreme-Schicht dicht mit den Butterkeksen belegen und anschließend gleichmäßig mit dem Weinbrand beträufeln.
Für den Schokoguss das Kokosfett in einen Topf zum Schmelzen bringen. Nicht zu sehr erhitzen! Nun Puderzucker, Kakao und Eier verrühren und das Kokosfett nach und nach unterrühren. Den Schokoguss mit dem Teigschaber gleichmäßig auf den Keksen verteilen. Auf dem Schokoguss die bunten Streusel verteilen. Den Kuchen an einem kühlen Ort, aber nicht unbedingt im Kühlschrank, einen Tag gut durchziehen lassen, bevor er in Stücke gewünschter Größe geschnitten wird.

Der ultimative Gesundheitstipp: Kuchen hat nur wenige Vitamine. Deshalb muss man viel davon essen!

Tierschützer dürfen sich entspannt zurücklehnen. Wer Kängurukekse backt, muss den Tieren nicht an „den Kragen gehen". Das Rezept habe ich von Freunden aus dem fernen Australien bekommen. Der Name dieser neckischen australischen Leckerei dürfte etwas damit zu tun haben, dass die Kekse beinahe so schnell gebacken sind wie ein Känguru hüpft.

Kängurukekse (Chokky Rocks)

Für ca. 500 g Kekse

250 g Butter oder Margarine

180 g Zucker

2 Eier

1 Pck. Vanillezucker

350 g Mehl

1/2 Pck. Backpulver

5 Tassen Cornflakes

100 g gehackte Schokolade

125 g Rosinen

Aus Butter, Zucker, Eiern, Vanillezucker, Mehl und Backpulver einen Rührteig herstellen, anschließend die restlichen Zutaten vorsichtig unterheben. Auf ein gefettetes Backblech mit Abstand walnussgroße Bällchen setzen und in **15 bis 20 Minuten** bei **180 °C** goldbraun backen.

Von gestern: Eine alte Dame geht in einen Lebensmittelladen und verlangt zwei Pfund Mehl. Da sagt die junge Verkäuferin, dass das jetzt Kilo heißt. Die Oma darauf: „Was? Nicht mehr Mehl?"

Woher die Plätzchen ihren Namen haben, ist nicht überliefert. Die im Gebäck verarbeitete dunkle Schokolade soll angeblich die Trauer symbolisieren, aber ob der Genuss der köstlichen Plätzchen wirklich dazu beitragen kann, die Trauer zu lindern, ist nicht bekannt. Sie sind auf jeden Fall landauf und landab auf den Advents- oder Weihnachtsgebäcktellern zu finden.

Witwenküsse

Für ca. 300 g Witwenküsse

3 Eiweiß

200 g Puderzucker

1 Pck. Vanillezucker

250 g gehackte Mandeln

125 g bittere Schokoladenraspeln

Backoblaten

Eiweiße mit Puderzucker und Vanillezucker zu steifem Schnee schlagen und die gehackten Mandeln sowie die Schokoladenraspeln mit einem Holzlöffel vorsichtig unterheben. Die fertige Masse in Häufchen auf die Oblaten setzen und diese im vorgeheizten Ofen bei **200 °C** in ca. **10 bis 15 Minuten** goldbraun backen.

Lang und schmal ist die Zunge der Katze und bestens zum Schlecken geeignet. Chocolatiers ließen sich von der einmaligen Technik, wie Katzen ihre Zunge beim Trinken einsetzen, inspirieren und so entstand die typische Katzenzungen-Form. Seit dem Ende des 19. Jahrhunderts gibt es Katzenzungen aus Schokolade für alle kleinen und großen Naschkatzen. Etwas weniger bekannt ist ein sehr schmackhaftes Gebäck, was auch den originellen Namen trägt. Hier ist das Rezept:

Katzenzungen

Für ca. 30 Stück

50 g schnittfestes Nuss-Nougat

125 g weiche Butter

60 g Puderzucker

Mark von 1 Vanilleschote oder etwas Vanillearoma

130 g Weizenmehl

1 Prise Salz

1 Msp. Backpulver

1 Pck. Puddingpulver Karamellgeschmack

1 EL Milch

100 g Zartbitterschokolade

1 TL Speiseöl (z.B. Sonnenblume)

Nougat in Stücke schneiden und über dem Wasserbad langsam schmelzen. Einen Bogen Backpapier vorbereiten, indem man zwei Linien im Abstand von etwa 6 Zentimeter aufzeichnet. So erhalten die Katzenzungen alle die gleiche Länge. Nun die weiche Butter mit Puderzucker und dem geschmolzenen Nougat geschmeidig rühren. Dann die Vanille und nach und nach Mehl, Backpulver und Puddingpulver zugeben, zum Schluss die Milch. Diese Masse in zwei bis drei Portionen in einen Spritzbeutel mit 8 mm Lochtülle füllen. Das Backpapier auf ein leicht gefettetes Backblech legen und den Teig in der typischen Katzenzungenform streifenförmig aufspritzen. Das Blech in den auf **180 °C** Umluft vorgeheizten Backofen schieben und etwa **8 Minuten** backen, bis das Gebäck leicht Farbe genommen hat. Nach dem Erkalten ein Ende der Zungen in mit wenig Öl geschmolzene Zartbitterschokolade tauchen und die Zungen auf ein Gitterrost legen, damit die Schokolade fest wird. Wirklich lecker und die Arbeit ist keinesfalls „für die Katz"!

Drinks mit umwerfenden Namen
und manchmal auch mit ebensolcher Wirkung

Dieser Cocktail ist einfach umwerfend. Er entstand 1934 in Hollywood. Derjenige, für den er gemixt wurde, soll sich nach dem dritten Glas dieses Cocktails wie ein Untoter, gefühlt haben. Daher rührt der Name Zombie. Aufgrund seiner Wirkung hat man den Cocktail später immer nur zweimal pro Gast zubereitet. Er hat es wirklich in sich!

Im Originalrezept von 1934 vereinten sich brauner Rum, weißer Rum und hochprozentiger Demerara-Rum mit Pernod und Saft. Hier eine Rezeptvariante aus DDR-Zeiten, als man froh war, überhaupt einen guten Rum zu bekommen.

Cocktail „Zombie"

Für 1 Glas

6 cl brauner Rum

2 cl Cherry Brandy

1 cl Apricot Brandy

2 cl Zitronensaft

1 cl Grenadine

zum Auffüllen hälftig Orangen- und Ananassaft

zum Garnieren 1 Keil Ananas mit Schale, 1 kleine Orangenscheibe

Die Spirituosen mit dem Zitronensaft und der Grenadine auf Eis shaken und in ein Ballonglas geben. Anschließend noch Crushed Ice zugeben. Mit Orangensaft und Ananassaft auffüllen. Den Glasrand mit dem Ananaskeil und der Orangenscheibe dekorieren.

Typische Frage einer Frau: Was soll ich nur am Strand tragen? – Ein Cocktail in der Hand und keinerlei Verantwortung – alles andere ist egal!

Barmixer beinahe vergessener DDR-Zeiten konnten nicht aus dem Vollen schöpfen und mussten aus den wenigen Ingredienzien immer noch etwas Passables zaubern. Dazu gehört die legendäre Grüne Wiese. Bekanntlich ergeben im Mix die Farben Blau und Gelb ein zauberhaftes Grün. In diesem Fall sind blauer Curaçao und gelber Orangensaft dafür zuständig.

Cocktail „Grüne Wiese"

Für 2 Gläser der hochprozentigen Variante

50 ml Weinbrand

25 ml Blauer Curaçao

25 ml Orangensaft

100 ml Sekt

etwas Crushed Ice

Weinbrand, Curaçao und Orangensaft mit etwas Crushed Ice in einen Shaker geben und gut durchschütteln. Danach in zwei Sektflöten oder Cocktailgläser abseihen und mit Sekt aufgießen. Bei der „humanen" Version lässt man den Weinbrand weg und erhöht entsprechend die Anteile von Orangensaft und Curaçao.

So schnell kann es gehen: Gestern habe ich mich bei 37 Grad im Schatten mit einem Glas Wein auf die Terrasse gesetzt. Zack ... Glühwein!

Nach dem Genuss dieses Cocktails fühlt man sich irgendwie leichtfüßig, fast wie ein Grashüpfer. Der Cocktail entstand eigentlich als Grasshopper zwischen 1919 und 1950 in New Orleans. Ein genaueres Datum gibt es nicht. Es ist ein cremiger Cocktail, der durch Pfefferminzlikör seine typische grüne Farbe bekommt. Aufgrund dieser Farbe ist er in den USA bei ausgewanderten Iren und natürlich auf der grünen Insel Irland selbst am St. Patricks Day der absolute „Renner".

Ober: Ihr Glas ist leer, möchten Sie noch eins?" Gast: „Was soll ich mit zwei leeren Gläsern?"

Cocktail „Grashüpfer"

Für 1 Glas

3 cl Creme de Menthe

3 cl Creme de Cacao

3 cl Sahne

Crushed Ice

Alle Zutaten in einem Shaker gut schütteln und durch ein Barsieb in ein vorgekühltes Cocktailglas abseihen. Mit Minzblatt und/oder Schokoraspeln garnieren.

Eskimo-Flip

Ganz unkompliziert und schnell zuzubereiten, absolut erfrischend und kalorienarm! Die Zutaten haben auch „Nicht-Eskimos" meist zu Hause vorrätig: Ein Glas mit Eiswürfeln füllen und mit Mineralwasser auffüllen. Langsam und gefühlvoll umrühren, keinesfalls schütteln, weil sonst der Flip verwässert.

Die Heiße Oma ist eine Erfindung der jüngeren Zeit, genauer gesagt von den Tiroler Alpen herübergeschwappt. In den dortigen Skihütten ist das heiße Getränk sozusagen der „Starter" der Apres Ski-Fahrer. Vermutlich nennt man es Heiße Oma, weil es ein Kuschelgetränk ist wie aus Omas Zeiten. In der kalten Jahreszeit ist diese „innere Wärmflasche" sehr beliebt sowohl bei jüngeren wie bei älteren Genießern. Dieses Getränk wärmt nicht nur kalte Hände, hier spürt man das Temperament und die schlummernden Kräfte der älteren Generation.

Heiße Oma

Für 2 Gläser / Tassen

400 ml Vollmilch

1 Pck. Vanillezucker

100 ml Eierlikör

geschlagene süße Sahne

etwas Kakaopulver oder Zimtpuder

Die Milch wird erhitzt, darf aber nicht kochen. Den Vanillezucker in der heißen Milch auflösen. Mit einem Milchaufschäumer luftig aufschäumen. Dann den Eierlikör zugeben und gut mischen. In Gläser füllen und obenauf einen großen Tuff Schlagsahne setzen. Mit etwas Zimtpuder oder Kakaopulver bestreuen und heiß genießen.

 Wer eine etwas temperamentvollere Oma möchte, gibt noch einen kräftigen Schuss braunen Rum als „Brandbeschleuniger" dazu.

Man muss auch mal Probleme zurücklassen können: Wenn der letzte Strohhalm, an den man sich klammert, in einem Cocktail steckt, dann lässt man sich das gefallen!

Eine Legende der Insel Föhr (siehe Foto unten) erzählt, dass die Urne mit der Asche einer in Amerika verstorbenen einstigen Inselbewohnerin in einer Kakaokiste auf die Insel zurückkehrte. Und so bekam das beliebte Heißgetränk seinen Namen. Sogar literarisch wurde das Getränk verarbeitet – in dem Krimi „Dreimal Tote Tante". Irgendwie passt die Tote Tante zum rauen Norden, wo die oft stürmische See den Menschen sehr viel abverlangt. Da ist so ein Versöhnungsschluck ganz gut. Schmeckt übrigens auch kalt.

Tote Tante

Für 1 Glas / Tasse

1/4 l Milch

50 g Zartbitter-Schokolade

75 ml Schlagsahne

5 cl brauner Rum

Die Milch kurz aufkochen und bei ganz wenig Wärmezufuhr heiß halten. Die grob gehackte Schokolade hineingeben und unter Rühren auflösen. Nun den entstandenen Kakao in eine große Tasse oder in ein großes Glas füllen, den Rum zugeben und mit der geschlagenen Sahne abdecken. Die „Tote Tante" wird niemals umgerührt und man lässt sie auch nicht lange stehen. Sie wird schnell ungeduldig und verlässt das Glas oder die Tasse. Es ist kein Getränk zur Unterhaltung, aber die „Nordlichter" sind ja sowieso oft wortkarg!

Der Schriftsteller Tillier wusste schon: Essen ist ein Bedürfnis des Magens. Trinken ein Bedürfnis des Geistes.

Der Anblick dieser Bowle erinnert schon ein wenig an Schlamm – undurchsichtig trüb, schäumend – unappetitlich wird es dennoch nicht und sie duftet auch ganz wunderbar. So eine Schlammbowle ist ein echter Partykracher für Jung und Alt. Je nach Alter der Feiernden variieren die Rezepturen. Insbesondere, was die „Umdrehungen" betrifft, denn für Kinder muss der Alkohol tabu sein, was dem Geschmack aber keinen Abbruch bringt. Hier eine Schlammbowle für Erwachsene.

Schlammbowle

Für eine Bowle von ca. 5 l

500 g abgetropfte Dosenpfirsiche

250 g abgetropfte Dosenananas

1 Flasche Wodka (0,7 l)

1 Flasche Sekt (0,75 l), halbtrocken

2,5 l Orangensaft

1,5 l Vanilleeis

Die abgetropften Dosenfrüchte einen Tag vor dem Bowlengenuss in gefällige Stücke schneiden und mit dem Wodka im Bowlegefäß ansetzen. Gut gekühlt und mit Klarsichtfolie verschlossen, damit der Ansatz keine fremden Gerüche annimmt, durchziehen lassen. Am nächsten Tag den Ansatz mit dem Orangensaft und dem Sekt auffüllen. Obenauf mit einem Portionierer die Eiscreme aufsetzen. Fertig zum Genuss.

Mit dem Schmelzprozess der Eiscreme entsteht die typische „Schlammschicht" auf der Bowle. Optisch etwas matschig und eigenartig, aber geschmacklich absolut köstlich!

Noch typisch schlammiger sieht die Bowle aus, wenn man Schokoladeneis verwendet – vielleicht besonders gut für die Halloween-Party geeignet.

Geständnis: Ich habe gestern so viel Wodka getrunken, dass ich heute Morgen mit einem leichten russischen Akzent aufgewacht bin.

Der letzte Erzbischof und Kurfürst von Trier, Clemens Wenzeslaus von Sachsen (1739 – 1812), wünschte an einem heißen Sommertag zur Abrundung der Speisenfolge statt Mokka ein kaltes Ende in Form eines gut gekühlten Mischgetränkes aus Wein und Champagner, das zur besonderen Erfrischung mit Zitrone und Zitronenmelisse serviert wurde. Vielleicht nahm man es mit der Rechtschreibung nicht ganz so genau oder es wurde ganz einfach in der Überlieferung eine Ente dar-

aus. Wirklich köstlich schmeckt dieser Bowlenklassiker an sehr heißen Tagen. Vor allem, wenn die Bowle besonders kalt aus einer Karaffe ausgeschenkt wird, die man vorab in einem Behälter mit Eiswürfeln gekühlt hat.

Eine weitere Erklärung für den Namen findet man bei der historischen Tafelausstattung. Da habe ich selbst auch eine alte Karaffe mit einem silbernen, Entenschnabel-artigen Ausguss, die vielleicht den Namen der Bowle beeinflusste.

Kalte Ente – der Bowlenklassiker

Für 6 bis 8 Bowlegläser

1 Flasche trockener Weißwein

1 Flasche trockener Sekt

1 Tütchen Vanillezucker

30 g Puderzucker

2 Bio-Zitronen

1 kleines Bund Zitronenmelisse

Weißwein und Sekt in einem Bowlegefäß mit dem Puderzucker und Vanillezucker mischen. Die Bio-Zitronen spiralförmig dünn abschälen und die Schalen sowie die sauberen Blättchen der Zitronenmelisse in die Bowle geben. Das Gefäß mit Klarsichtfolie verschließen und gut gekühlt mindestens **eine halbe Stunde** ziehen lassen. Dann wie im Vortext beschrieben servieren. Wer möchte, kann die Bowle auch noch mit kaltem Mineralwasser „spritzen".

Rezeptverzeichnis

Bildnachweis